QUE SAIS-JE ?

Le notariat français

JEAN RIOUFOL
Docteur en Droit

FRANÇOISE RICO
Licenciée en Lettres

puf

ISBN 2 13 036154 4

1re édition : 3e trimestre 1979

108, Bd Saint-Germain, 75006 Paris

PRÉFACE

Bien qu'il tienne une grande place dans nos institutions et dans notre vie quotidienne, tant sur le plan familial que dans la vie des affaires et du travail, le notariat est mal connu.

Beaucoup d'idées fausses, de malentendus, d'incompréhensions pourront être dissipés par la lecture de cet ouvrage qui est une excellente synthèse sur le sujet.

Jean Rioufol était particulièrement qualifié pour l'écrire : le fait qu'il a mené une grande partie de sa carrière professionnelle en dehors du notariat est un gage d'objectivité ; la place qu'il occupe depuis quelques années à un poste d'observation du notariat est un gage d'authenticité. Francoise Rico par son expérience des relations publiques était également toute désignée pour collaborer à ce travail.

L'ouvrage trouve sa place dans la collection « Que sais-je ? », car cette « encyclopédie de l'homme moderne » ne pouvait plus longtemps laisser dans l'ombre l'élément fondamental de l'organisation juridique francaise qu'est le notariat.

Sa lecture fera mieux comprendre le rôle du notariat dans l'économie, l'étendue et la qualité des services qu'il offre au public et son statut original.

Il était indispensable pour cela de faire précéder le tableau de la situation présente par un rappel de l'histoire de l'institution en remontant aux origines de notre pays si marqué par le droit latin, c'est-à-dire jusqu'aux profondeurs où plongent les racines du notariat français.

Dans un souci d'universalité, les auteurs n'ont peut-être pas assez souligné l'évolution profonde que le notariat a provoquée au cours des dernières décennies pour s'adapter aux besoins de l'économie. Des moyens considérables ont été mis en œuvre pour maintenir un réseau d'offices très serré en dépit de l'exode rural, pour développer la formation et la documentation à la mesure de la prolifération des textes, pour moderniser les méthodes de travail afin de neutraliser les conséquences du formalisme sécrété par une société chaque jour plus complexe.

Par contre, ils ont su mettre en lumière la double mission du notaire, à la fois officier public, c'est-à-dire homme de fonction, investi par l'Etat d'une mission officielle d'authentification des contrats et membre d'une profession libérale, c'est-à-dire homme de service, conseil discret et confident des individus, des entreprises et des collectivités.

Cette dualité fait du notariat un rouage essentiel de l'équilibre de notre société libérale.

Dans un monde où le dirigisme se développe inexorablement, où les rapports de force entre les grandes entités collectives et impersonnelles écrasent l'individu, le notaire joue naturellement le rôle d'arbitre et de médiateur, lui dont le rôle fondamental est d'assurer l'équilibre des conventions.

A la question généraliste ou spécialiste, cet ouvrage répond en montrant qu'elle est mal posée, les notaires sont en réalité les pilotes du juridique, ils sont là pour nous garder des interdictions et des écueils comme le pilote guide le navire. Ce sont des généralistes qui peuvent se spécialiser, mais qui dans tous les cas ont une vue d'ensemble des problèmes, indispensable dans les choix que nous devons faire.

Hommes d'action, s'adaptant à l'évolution des besoins du monde moderne dans le respect de leurs missions traditionnelles et des valeurs fondamentales de la profession, les notaires illustrent très exactement la réflexion de Taine :

« Les vrais hommes d'action sont ceux qui savent puiser leur source dans le passé. »

Paul Chardon,
notaire à Paris,
membre du Conseil supérieur du Notariat,
ancien président de la Compagnie des Notaires de Paris.

Introduction

POURQUOI CE LIVRE ?

Qu'est-ce que le notariat ? Quel est son rôle dans l'économie nationale ? Quel est son avenir ?

On a beaucoup écrit sur les notaires, mais le notariat reste méconnu.

L'homme a inspiré ceux qui s'attachent à décrire la vie de notre société où il a toujours tenu une grande place ; mais la profession a rarement fait l'objet d'une étude critique comme si le personnage avait masqué l'institution.

Le but de cet ouvrage est de décrire le notariat français, d'analyser ses moyens et son activité, de dire ce que tout le monde doit savoir sur une institution qui est au service de tous.

Les notaires sont des gens discrets au naturel et par principe : au naturel, parce qu'ils sont les confidents de leurs clients, et par principe, parce que leur déontologie interdit toute action promotionnelle qui pourrait être taxée de publicité.

Cette discrétion est appréciée par leur clientèle, celle qui les connaît et qui leur fait confiance, mais elle n'est pas bonne pour la profession à une époque où l'appétit d'information est immense, et où la confiance aveugle fait de plus en plus place au désir de connaître et de juger.

Il faut vivre avec son temps ; il n'y a rien de secret dans le rôle et l'organisation du notariat, bien au contraire, il y a tout intérêt à ce que les rouages de cette institution millénaire, mais toujours jeune, soient démontés aux yeux du public afin que chacun puisse comprendre la raison d'être, l'activité et la réglementation d'une profession mal connue, mais si présente dans notre vie quotidienne.

Il semble particulièrement opportun de dresser ce tableau de synthèse du notariat, au moment où il vient d'opérer d'importantes mutations.

Au cours de la dernière décade, en effet, il a connu un triple renouveau :

— renouveau dans les structures : avec le passage des offices individuels aux offices en sociétés civiles professionnelles, c'est-à-dire l'association de plusieurs notaires au sein d'une même étude, avec la mise en œuvre d'un premier plan de restructuration pour adapter la présence notariale aux mouvements de population ;
— renouveau dans les hommes : avec la réforme profonde du régime de recrutement et la refonte de l'appareil de formation ;
— renouveau dans les méthodes avec la mise en place de centres de documentation juridique, l'utilisation de l'informatique, l'adoption d'un plan comptable normalisé.

C'est le tableau de ce nouveau notariat qu'il convient de brosser rapidement.

Après un rappel de l'histoire du notariat, nous insisterons sur *le rôle de la profession*, tant vis-à-vis des individus que de la collectivité, car ce qui justifie une institution, plus que son ancienneté, c'est son utilité sociale.

Le deuxième volet de cet ouvrage sera consacré

aux hommes qui animent la profession, leur origine, leur formation, leur dynamisme.

Puis, nous dirons quels sont *l'organisation et le statut du notariat*, car on ne saurait comprendre l'efficacité et la sécurité que procure l'intervention du notaire si on passait sous silence cette réglementation.

Ayant ainsi évoqué successivement les résultats, les moyens et les méthodes, nous serons tout naturellement amenés à dresser le bilan actuel et à entrevoir les perspectives d'évolution de la profession.

Chapitre Premier

UNE PROFESSION MILLÉNAIRE

Quoique l'objet de cet ouvrage soit essentiellement de fournir une analyse des structures actuelles du notariat, et de son rôle dans l'économie d'aujourd'hui, nous ne pouvons faire abstraction du passé dans lequel cette profession a de si profondes racines.

Deux raisons militent en faveur d'un bref rappel historique.

— Le notariat français est une profession millénaire qui a survécu aux changements de régimes, qui est passé à travers les révolutions, et qui a résisté aux guerres. Cette pérennité est un fait qui doit retenir notre attention, elle constitue un premier objet de réflexion.

— L'histoire de notre pays, son histoire sociale et économique, celle de la vie quotidienne, de la province comme de la capitale, est essentiellement contenue dans les faits et actes retracés par les notaires, ce sont les notaires qui ont écrit l'histoire ou du moins qui ont consigné les faits qui sont le tissu de toute l'histoire, et il est bien juste de leur en rendre hommage, en débutant cet ouvrage par l'évocation de leurs origines.

De l'Antiquité au Moyen Age

Confondant le notaire avec l'écrivain public, certains font remonter l'histoire du notariat à la plus Haute Antiquité, tant il est vrai que sitôt que se sont liés les premiers échanges sociaux, les illettrés ont eu recours aux services de ceux qui savaient écrire.

Chez tous les peuples de l'Antiquité on trouve des hommes qui consacrent leur activité à l'établissement des conventions passées par leurs concitoyens : en Egypte et en Perse, chez les Juifs et chez les Grecs, à Rome comme en Gaule..., sous des appellations diverses : *scribae*, *tabelliones*, *notarii*... (1), ces hommes sont les ancêtres des notaires dont la mission première est de donner aux conventions une forme fiable, non altérée par un souvenir défectueux comme dans les systèmes de tradition orale, ni par la mauvaise foi des parties.

Mais l'origine du notaire authentifiant les conventions au nom de l'Etat est plus récente. Il apparaît lorsque les besoins de sécurité juridique conduisent à développer le pouvoir judiciaire et à confier au magistrat, à côté d'une juridiction contentieuse consistant à juger les différends, une juridiction volontaire ayant pour objet d'authentifier les accords.

Cette organisation qui donne aux conventions les mêmes effets juridiques qu'aux jugements apparaît au Bas-Empire romain et pénètre en Gaule par l'occupation romaine.

C'est vers la fin de l'Empire romain, en effet, que furent constitués les *tabelliones*. Les actes qu'ils recevaient portaient les cachets de deux témoins : ils avaient ainsi valeur de preuve, mais pour ac-

(1) Au sens étymologique du terme, le *notarius* est celui qui note rapidement. Les *notarii* étaient à l'origine les secrétaires des princes, hauts fonctionnaires et riches citoyens romains. Ils accompagnaient leur maître dans ses déplacements, prenaient des notes pour lui, et rédigeaient les écrits nécessaires à l'administration de ses affaires.

quérir l'authenticité ils devaient être transcrits sur les registres tenus par les *tabularii*, scribes des magistrats.

Le notaire n'est plus seulement alors celui qui élabore les clauses juridiques conformément à la volonté des contractants, il est une sorte de greffier qui rédige les conventions et les soumet à la signature du juge, de la même manière que le greffier, de nos jours, met en forme le jugement qui est signé par le juge. La terminologie n'est pas encore fixe : on les appelle *actuarii*, *cancellarii*, *judex cartularii*.

C'est Charlemagne qui consacre en France cette conception du notariat intimement liée à la magistrature. L'empereur est conscient de la nécessité de donner un caractère officiel aux fonctions de ceux qui reçoivent et élaborent les conventions. Dans ses capitulaires de 803 et 805, il demande à ses envoyés de nommer des notaires auprès de ses propres juridictions et recommande aux seigneurs justiciers de suivre son exemple. Nous sommes en effet en plein Moyen Age et la justice, attribut de la souveraineté, est morcelée, comme l'est à cette époque le pouvoir : le roi a ses juridictions, mais les comtes ont les leurs ainsi que les autorités ecclésiastiques : évêques et abbés munis d'un pouvoir temporel.

Le notariat dans l'Ancien Régime

Le développement du notariat devait connaître des aspects différents dans les pays du sud de la France, régis par un droit écrit directement issu du droit romain, et dans les pays du nord de la France qui connaissaient un droit coutumier.

Les pays de droit écrit ont connu très tôt le notariat. Les évêques et les seigneurs justiciers, sans doute pour se décharger du fardeau de la surveillance et de la légalisation des contrats, investirent comme à Rome des tabellions du droit d'instrumenter dans le ressort de leurs juridictions. Ce furent dès lors de véritables notaires publics habilités à conférer aux actes l'authenticité par la seule apposition de leur seing. Les notaires méridionaux français sont ainsi directement issus des notaires latins.

Dans les pays du Nord, de droit coutumier, l'acte écrit avait à l'origine peu de place : les coutumes germaniques qui s'appliquaient alors n'admettaient que deux genres de contrats, les contrats formels matérialisés par la remise d'un gage symbolique et les contrats réels immédiatement exécutés par la livraison de la chose et du prix. Il n'y avait donc guère de place pour des notaires rédacteurs d'actes ; mais les chefs des diocèses introduisirent peu à peu dans les coutumes les règles du droit romain. L'acte écrit se substitua au symbole et à la tradition, et la fonction de notaire se développa.

En règle générale l'authenticité était donnée aux actes par apposition du sceau d'une juridiction, ce n'était pas le notaire qui lui conférait l'authenticité, il se contentait d'en être le rédacteur.

L'autorité royale généralisa l'institution : en 1270, Saint Louis crée 60 notaires au Châtelet qui instrumentent au nom du prévôt, puis en 1302 Philippe le Bel établit dans tous ses domaines des notaires à l'image de ceux du Châtelet, et cet exemple fut peu à peu suivi par les seigneurs laïques et ecclésiastiques de tous rangs, si bien que la moindre bourgade possédait son notaire.

On distinguait alors les notaires royaux exerçant en vertu de provisions délivrées par le roi dans le ressort des bailliages et sénéchaussées auxquels ils étaient attachés, et les notaires seigneuriaux nommés par les seigneurs justiciers et n'exerçant que dans l'étendue de la justice de leur seigneur.

A côté d'eux existaient aussi les notaires apostoliques, tenant leur autorité du pape ou des évêques, et plus spécialement chargés de possession des bénéfices et des actes ecclésiastiques. Ces derniers étaient pour la plupart des clercs. Ils ne durent cesser d'exercer ces fonctions qu'après les états généraux d'Orléans de 1560, qui leur en firent la défense. A partir de ce moment, les notaires apostoliques furent désignés par les évêques, parmi les notaires royaux de leurs diocèses, qui cumulaient ainsi les fonctions.

Le notaire n'est pas seul alors pour élaborer l'acte authentique. Plusieurs personnes interviennent : le notaire, qui reçoit les déclarations des parties et rédige les clauses du contrat ; le tabellion qui reçoit l'acte en dépôt ; le garde-scel qui l'authentifie (1).

Du xe au xve siècle, se réalise progressivement la confusion des fonctions en la seule personne du notaire (2).

Le notaire devient lui-même garde-scel, c'est-à-dire détenteur du sceau de l'Etat au même titre que les juges, et délégataire direct de l'autorité publique pour authentifier les conventions des par-

(1) Au siège de chaque juridiction avaient été établies une ou plusieurs chancelleries dirigées par un garde-scel royal, ayant pour annexe un tabellionnage dirigé par un tabellion-juré. Les protocoles achevés étaient au fur et à mesure remis par les notaires au tabellion-juré qui en conservait le dépôt. Lui seul avait qualité pour délivrer grosses ou expéditions des actes et leur conférer l'authenticité par l'apposition du sceau royal détenu par le garde-scel. Ces expéditions portaient généralement comme préambule : « A tous ceulx qui ces présentes verront, nous garde et tenant le scel royal estably aux contraicts à... pour le Roi notre sire, salut scavoir faison que par-devant notre amé et féal N... notaire royal de..., etc. »

(2) La fusion est totalement réalisée par un édit d'Henri IV de mai 1597, et de ce fait les notaires ajoutent à leur titre ceux de tabellions et garde-notes, conservent en leurs archives les protocoles de leurs actes, et en délivrent les expéditions et les grosses authentiquées par l'apposition de leur sceau personnel, jusqu'au jour où les édits de Louis XIV (juillet 1706 et avril 1708) leur enjoignirent d'avoir chacun un sceau aux armes royales.

Entre-temps, et pour suppléer aux droits de scel, disparus avec les tabellions-jurés, la royauté avait institué le timbre, qui entra en usage en 1676.

ticuliers. Sans doute c'est parce qu'il est investi de cette mission d'utilité publique que pendant la guerre de Cent ans, Charles VI par lettres patentes de 1411 fait signaler les études de notaires par un panonceau, non pas comme on pourrait le croire pour les marquer à l'attention du public, mais par mesure de sauvegarde, pour indiquer aux forces de police ceux qui doivent être plus particulièrement protégés.

La profession se réglemente peu à peu : les notaires ont l'obligation d'écrire les actes de leur propre main, une ordonnance d'Amiens de juillet 1304 leur impose de les transcrire sur un registre spécial appelé protocole. Ils doivent en donner lecture intégrale aux contractants. A partir du XIVe siècle les actes notariés sont soumis à la signature des parties. L'ordonnance de Villers-Cotterêts, en 1539, impose aux notaires d'abandonner le latin pour rédiger leurs actes en français. Ils ont la responsabilité de conserver les minutes et d'en faire un répertoire. Leur compétence territoriale est définie : ils ne peuvent instrumenter que dans le ressort du bailliage, de l'évêché et du comté (seuls les notaires de Paris ont le droit d'instrumenter sur tout le territoire national). L'accès à la profession est contrôlé par les juges. Les notaires ont la possibilité de s'associer pour un exercice collectif de la profession. Ils peuvent opérer des cessions partielles de pratiques (1).

Dans le même temps que le notariat acquiert ainsi ses fonctions essentielles et ses règles professionnelles, il s'organise dans le cadre général des structures corporatives de l'ancienne France. Corps constitué, il voit peu à peu consolider ses privilèges et définir ses obligations.

(1) Au sens de la clientèle.

Les communautés de notaires élaborent leurs règlements et mettent en place leurs organismes professionnels. On connaît surtout l'organisation du notariat parisien née au siège de la prévôté du Châtelet avec l'installation, par Saint Louis, des 60 premiers notaires (1). L'organisation provinciale a évolué moins vite, elle est restée longtemps marquée à la fois par la diversité des pouvoirs locaux et par division du territoire en deux grandes zones de pratique juridique : les pays du Sud, adeptes du droit écrit, les pays du Nord, fidèles au droit coutumier.

Le nombre de notaires augmente au fur et à mesure que se développent les besoins juridiques. Sous Louis XIV on compte 112 notaires à Paris. Pour les provinces, un édit de 1664 fixe le nombre

(1) La communauté des notaires comprend tous ceux qui ont une charge de notaire. Les candidats sont examinés par la commission des juges de la juridiction dont ils dépendent, puis l'examen se passe devant la communauté des notaires, de la même façon qu'un chef-d'œuvre d'apprenti est présenté devant la communauté des métiers.

La communauté est dirigée par le doyen, douze délégués, trois syndics et un greffier. Le doyen préside les assemblées et assure la représentation de la profession, mais il agit toujours en accord avec les autres dirigeants. Les douze délégués sont élus à la pluralité des voix par l'assemblée ordinaire des notaires. Deux assemblées générales sont réunies chaque année à la Saint-Nicolas de Printemps et à la Saint-Nicolas d'Hiver, dates qui sont encore celles des assemblées générales des Compagnies départementales de Notaires...

Les trois syndics sont élus également par l'assemblée ordinaire pour trois ans. Chacun d'eux devient à tour de rôle syndic-gérant ; c'est lui qui tient alors les comptes et fait les rapports, mais les trois ont la charge de préparer toutes les affaires et d'exécuter les décisions de l'assemblée et du bureau.

Le groupe dirigeant tient une assemblée particulière une fois par semaine, le jeudi à la Chambre au Châtelet. Il élabore les propositions soumises à l'assemblée ordinaire réunie chaque dimanche après la messe. Cette assemblée jouit de pouvoirs réglementaires sous réserve d'homologation par la juridiction.

La communauté des notaires de Paris a fait partie dès la fin du XIIIe siècle de la corporation de la Basoche du Châtelet qui réunit tous les clercs, c'est-à-dire tous les gens de plume : procureurs, notaires, avocats, huissiers et leurs clercs.

Pour plus de détails, voir *Revue historique du Droit français et étranger*, Sirey, 1951, articles de R. JÉGADEN sur la Communauté des Notaires au Châtelet de Paris au XVIIe siècle.

des offices à 20 pour les villes capitales des provinces, 4 pour les villes sièges de prévôté, 2 pour les bourgs dans lesquels il y a des foires ou marchés et 1 pour les paroisses de plus de 60 feux.

Ils répondent à l'ensemble des besoins juridiques du pays, et leur activité s'adapte à l'évolution économique, plus particulièrement à celle qui a été provoquée par le développement des échanges commerciaux au XVIe siècle.

La diversité des actes notariés de l'Ancien Régime est tout à fait remarquable. A côté des actes du droit de la famille : successions, donations, conventions matrimoniales..., et des actes spécifiques à l'ancien droit : titres nobiliaires, fondations religieuses..., les notaires passent un nombre considérable de contrats pour l'organisation du crédit : actes de prêts, constitution de rentes, achats d'obligations, ventes à crédit... pour le compte de particuliers et de collectivités publiques ou religieuses.

Si les ventes immobilières sont relativement peu nombreuses, la propriété foncière étant peu morcelée et appartenant souvent à des collectivités laïques ou religieuses qui la transforment en bien de mainmorte, les actes de locations de toute nature sont très répandus.

Les actes de commerce, même après que la grande ordonnance de Colbert les eut soumis à une réglementation propre, sont des actes notariés : ventes de marchandises, marchés de fabrication, cessions de denrées agricoles, transports terrestres et maritimes, concordats, marchés de pourvoirie. Les marchés de travaux sont passés devant notaire (1), ainsi que les contrats d'édition littéraire ou musi-

(1) A titre d'exemple, les architectes du roi ont signé, par-devant notaire avec leurs entrepreneurs les marchés de construction du château de Versailles.

cale (1). La réglementation du travail est très réduite, et c'est par les contrats d'apprentissage passés devant notaire que sont déterminés les rapports d'employeur à employé, en un mot, le notaire est l'homme du contrat dans l'acceptation la plus large du terme.

En même temps que la centralisation du pouvoir royal unifie le notariat français, la profession souffre des abus provoqués par la pratique de la vénalité des charges.

Le système fiscal n'avait pas alors les raffinements que nous lui connaissons, et le roi avait du mal à alimenter les caisses de l'Etat avec la taille et la gabelle ; la vénalité des charges permettait un développement rapide des services publics, puisque leur mise en place devenait un profit pour l'Etat, et que leurs frais de fonctionnement étaient assurés par les utilisateurs. La tentation était grande alors de créer des services publics dans le seul but d'alimenter les caisses de l'Etat.

Dès le XIVe siècle, les charges de notaires sont, comme celles des magistrats, concédées contre finances. Très rapidement les offices sont créés hors de proportion avec les besoins de la population.

A la veille de la Révolution, on comptait en France 13 000 notaires dont beaucoup étaient dans une situation misérable, si l'on en croit les rapports fournis par les cahiers de doléances des états généraux de 1789 (2). Seule la Compagnie des Notaires

(1) Toute une histoire de la musique, entre 1600 et 1650 a pu être retracée à partir des minutes de notaires. Renseignements sur les musiciens, les facteurs d'instruments, les imprimeurs de partitions... (Madeleine JURGENS, *Les documents du Minutier central concernant l'Histoire de la Musique, 1600-1650*).

(2) Dans les cahiers du Parlement de Blois, notamment, on relève le vœu pressant de diminuer le nombre de notaires, afin qu'ils ne soient pas « réduits pour subsister à d'autres états qui déshonorent leur titre ».

de Paris avait su résister aux pressions du pouvoir en évitant à maintes reprises la création d'offices nouveaux par le paiement au roi d'un véritable tribut.

La Révolution et le XIXe siècle

Les révolutionnaires de 1789, après avoir aboli les privilèges et la vénalité des charges voulurent supprimer les notaires sans toutefois faire disparaître une institution qui avait fait ses preuves, et qui était plus que jamais nécessaire à une époque où la bourgeoisie triomphante allait avoir besoin de s'appuyer sur un bon système contractuel.

Une tentative de nationalisation par la mise en place de notaires publics échoua. Les révolutionnaires suppriment en effet les notaires royaux, apostoliques et seigneuriaux, mais comme leurs fonctions étaient indispensables à la fois pour rédiger les conventions, leur donner date certaine et force probante, il est prévu de les remplacer par des notaires publics désignés par concours. En fait, de nombreux notaires sont maintenus en fonction sous cette nouvelle appellation.

Aussitôt après la Révolution, la population éprouve le besoin de stabiliser les structures sociales qui viennent d'être bouleversées, et les hommes au pouvoir souhaitent également restaurer l'Etat en restructurant la nation. La nouvelle société va se consolider et se développer sur trois bases fondamentales : la propriété individuelle, les libertés civiques, et la famille.

Le droit de la propriété apparaît comme une nécessité sociale : c'est sur le maintien des propriétés que reposent la culture des terres, toutes les productions, tout moyen de travail et tout ordre social selon les termes des constituants de l'An II.

La conquête des libertés civiques au nom de laquelle s'est faite la Révolution, doit devenir une réalité, et il faut permettre aux citoyens le libre exercice de leurs droits.

Enfin, la famille, cellule de base, qui a résisté à la tempête révolutionnaire est considérée comme le principal élément de stabilité.

Dans ces perspectives, le notaire est l'homme de la situation :

— créateur et conservateur des titres de propriété, il peut garantir le propriétaire contre les troubles d'éviction ;
— conseiller et rédacteur impartial, il peut faire connaître à chacun ses droits et donner force aux volontés individuelles ;
— confident des familles, artisan de la transmission du patrimoine familial, il est le garant de la tranquillité des familles.

Ce n'est donc pas par hasard que le notariat a reçu alors une sorte de consécration.

Avec le sens des réalités qui le caractérisait, Bonaparte ne concevait pas la grande refonte du droit français, qui devait aboutir à la codification à laquelle il a associé son nom, sans la mise en place d'un corps de juristes compétents capables de la mettre en œuvre au profit du public. Aussi a-t-il dès 1803 donné au notariat une organisation et un statut dont les grandes lignes restent valables encore de nos jours : c'est la loi du 25 ventôse an XI (1) qui, avec le Code civil lui-même où l'on trouve les indications relatives aux actes notariés, constituent la charte du notariat français.

La loi de Ventôse consacre une évolution qui

(1) 16 mars 1803.

tranche définitivement les liens qui unissaient la juridiction volontaire à la juridiction contentieuse. Les notaires reçoivent une mission très large de praticiens du droit par opposition aux avocats confinés dans les situations contentieuses. Le notaire doit assister le public dans toutes les applications du droit. L'exposé de motifs de la loi Ventôse exprime parfaitement cet état de chose et mérite d'être cité.

... « A côté des fonctionnaires qui concilient et qui jugent les différends, la tranquillité publique appelle d'autres fonctionnaires qui, conseils désintéressés des parties aussi bien que rédacteurs impartiaux de leurs volontés, leur fassent connaître toute l'étendue des obligations qu'elles contractent, rédigeant ces engagements avec clarté, leur donnant le caractère d'un acte authentique et la force d'un jugement en dernier ressort, perpétuant leur souvenir et conservant leur dépôt avec fidélité, empêchent les différends de naître entre les hommes de bonne foi, et enlèvent aux hommes cupides, avec l'espoir du succès, l'envie d'élever une injuste contestation. Ces conseils désintéressés, ces rédacteurs impartiaux, cette espèce de juges volontaires qui obligent irrévocablement les parties contractantes sont les notaires : cette institution est le notariat »...

Le notariat reste sous la tutelle du pouvoir judiciaire et ses structures professionnelles sont calquées sur les circonscriptions judiciaires : un notaire par canton, une Chambre des Notaires par arrondissement, un Conseil par cour d'appel.

On reconnaît là le désir du futur empereur de ne pas laisser échapper au contrôle du pouvoir une profession d'importance vitale pour la nation et son goût pour les structures fortement hiérarchisées.

Le garde des Sceaux est le ministre de Tutelle de la profession. Les règles de formation et de nomination sont fixées. Il est reconnu au notaire le « droit de présentation de son successeur » qui consacre la valeur patrimoniale des offices tout en plaçant les cessions d'offices hors du commerce, sous le contrôle de l'Etat qui vérifie que leur prix correspond à leur juste valeur et que le successeur présenté réunit les conditions de compétence et de moralité prescrites par les textes.

Ainsi reconstitué et avec des missions élargies, le notariat joue un rôle social et économique assez remarquable pendant tout le XIXe siècle.

A l'âge d'or du libéralisme, il prête la main à l'établissement de conventions qui, seules, peuvent désormais lier les hommes et édifier les structures sociales.

A une époque d'enrichissement national, il organise la collecte de l'épargne privée, la gestion et le transfert des patrimoines.

Le notariat sait être utile à la fois à une société essentiellement rurale dans laquelle la propriété foncière tient une grande place, et au monde industriel naissant auquel il procure les instruments juridiques du droit des sociétés et les capitaux dont il a besoin. Le crédit hypothécaire joue un rôle économique de premier plan.

Le notaire est le notable, il occupe les postes de confiance, il est investi des mandats politiques. Daumier le caricature au milieu des gens de justice qui partagent son pouvoir social. C'est l'époque où Balzac, alors clerc de notaire, commence à peindre sa comédie humaine.

On a parlé d'apogée du notariat, mais il s'agissait en réalité seulement d'une période plus faste et plus facile pour les notaires, qui a duré jusqu'à la fin du siècle.

Le XXe siècle

Le notariat a tout naturellement ressenti le bouleversement social et économique provoqué par la première guerre mondiale.

L'inflation succédant à une remarquable période

de stabilité monétaire rend désormais plus difficile la réalisation de l'équilibre des contrats qui est la règle d'or du notariat.

La multiplication des textes juridiques par laquelle se manifeste le dirigisme économique et social laisse de moins en moins de place à la liberté contractuelle.

L'appauvrissement de la clientèle traditionnelle du notariat, bourgeois et propriétaires fonciers, le met en rapport avec de nouvelles couches sociales, notamment avec le monde de l'industrie.

L'entre-deux-guerres, avec la crise économique de 1929 et le mouvement social de 1936, pose des problèmes nouveaux à la profession qui s'y adapte. Elle est l'une des premières à instituer un régime de retraite et de Sécurité sociale pour son personnel.

Les effectifs du notariat varient assez peu, mais le développement de la réglementation juridique engendre tout naturellement une diversification des professionnels du droit : les avocats débordent leur rôle d'assistance au contentieux, de nouvelles professions voient le jour (conseil juridique, juristes d'entreprise) tendant à confiner le notaire dans un rôle de rédacteur et d'authentificateur de contrats.

La nécessité d'une action collective se fait sentir et conduit les notaires à se regrouper au niveau national : en 1912 un Syndicat des Notaires de France est constitué, dans le même temps est créée l'Association des Notaires de France qui, en 1941, deviendra le Conseil supérieur du Notariat. C'est aussi à cette époque que les notaires prennent l'initiative d'organiser des Congrès annuels d'abord consacrés à la défense de leurs intérêts professionnels et qui, très vite, sont orientés sur les recherches juridiques et sociales en vue de favoriser l'adaptation des lois.

En 1945, le législateur procède à une refonte des textes organiques sans y apporter de modifications sensibles. Le statut du notariat fait partie du train des ordonnances de 1945 (1) par lesquelles le gouvernement voulait marquer les orientations nouvelles. Cette ordonnance ressemble comme une sœur à la loi de Ventôse dont elle ne rajeunit guère que les termes.

A cette époque, le notariat se trouve confronté à des problèmes spécifiques à la liquidation des hostilités, il prête notamment son concours aux sinistrés en organisant des centres régulateurs de négociation des dommages de guerre. Puis, très vite, dès 1960, il doit faire face aux problèmes liés à l'essor de la construction immobilière. Il innove, met au point les opérations de construction, crée les règlements de copropriété et participe largement à l'extension de l'activité économique.

Mais c'est d'abord pour la construction qu'il engage toutes ses forces, par l'assistance qu'il apporte aux promoteurs ; il néglige, par manque de temps, les problèmes de la négociation des biens, laissant se développer la nouvelle profession des agents immobiliers.

L'essor de la construction va de pair avec le développement de la réglementation d'urbanisme et de la fiscalité immobilière : le notariat assume les problèmes que pose le respect de cette réglementation.

On assiste alors à un développement spectaculaire du système bancaire et à la mise en place d'établissements spécialisés dans le crédit immobilier, qui achèvent de réduire le crédit hypothécaire privé à un rôle secondaire. Puis, les banques, freinées dans

(1) Ordonnance du 2 novembre 1945.

leur activité financière par le contrôle du crédit et par la récession, se transforment en gestionnaires de fortunes, conseillers juridiques et fiscaux de leur clientèle et négociateurs immobiliers, achevant ainsi un certain éparpillement de l'assistance juridique.

L'Administration elle-même se sent responsable du désarroi engendré par ses excès de réglementation et multiplie ses services d'information juridiques, sociaux, fiscaux.

Le notariat adapte ses méthodes et ses structures ; il met en œuvre un plan de restructuration pour améliorer la distribution des offices dans l'espace national. Quelques centaines d'offices sont créés dans les zones urbaines. En quinze ans les effectifs de la profession augmentent de 50 %. Le notariat met à profit ce nouvel élan de vitalité pour moderniser ses méthodes de travail, s'ouvrir à l'extérieur et s'adapter à un monde juridique en perpétuelle évolution. Il utilise les structures du Conseil supérieur et de son organe prospectif : la Conférence du Plan, modernise sa comptabilité, développe son appareil de formation et de documentation, rationalise ses méthodes de travail en mettant à profit les techniques nouvelles de la reprographie et de l'informatique.

C'est au terme de cette longue évolution que nous allons examiner le rôle actuel du notariat français.

Chapitre II

LE ROLE DU NOTARIAT MODERNE

Que peut-on attendre d'un notaire ? Quelles sont les activités d'un office ? Quel est le rôle du notariat dans l'économie nationale ?

Ce sont les questions que se pose le public, et qui mettent en avant l'utilité sociale du notariat. C'est à ces questions qu'il faut répondre d'abord.

Pour le faire avec un maximum de clarté, il convient de se placer successivement à deux points de vue différents :

— examiner d'abord quels sont les services particuliers que rendent chaque jour les notaires à leurs clients, c'est-à-dire *analyser* les « prestations notariales » ;

— prendre ensuite un peu de distance et mesurer le rôle que joue l'ensemble de la profession dans l'économie nationale et dans la société en opérant une *synthèse* de l'activité notariale.

Prestation des offices. Domaine. Nature

On est quelque peu embarrassé pour énumérer les prestations du notariat, car elles sont nombreuses comme sont multiples et variés les besoins juridiques du public.

Ces attributions ne sont précisées dans aucun texte ; la loi se borne à indiquer les hypothèses où l'acte notarié est obligatoire (1), et les activités qui, à l'inverse, sont interdites à la profession parce qu'elles constituent des prises d'intérêt (2) ; *a contrario*, la liberté d'action des notaires est la règle.

Cette polyvalence est conforme à la tradition d'une profession qui a été créée pour mettre le droit à la portée de chacun dans des circonstances qu'il serait bien difficile de définir à l'avance. L'historique qui

(1) Essentiellement : contrats de mariage, donations entre vifs, adoption, reconnaissance d'enfants naturels, déclaration de souscription et de versement en matière de société par actions, actes devant faire l'objet d'une publicité foncière (vente d'immeubles, de droits immobiliers, constitution de droits immobiliers).

(2) Il est interdit au notaire :

De se livrer à aucune spéculation de bourse ou opération de commerce, banque, escompte et courtage ;

De s'immiscer dans l'administration d'aucune société ou entreprise de commerce ou d'industrie ;

De faire des spéculations relatives à l'acquisition et à la revente des immeubles, à la cession des créances, droits successifs, actions industrielles et autres droits incorporels ;

De s'intéresser dans aucune affaire pour laquelle ils prêtent leur ministère ;

De recevoir ou conserver des fonds, à charge d'en servir l'intérêt ;

De se constituer garants ou cautions, à quelque titre que ce soit, des prêts à la négociation desquels ils auraient participé, comme aussi de ceux dont les actes seraient dressés par eux ou avec leur participation ;

De se servir de prête-nom en aucune circonstance même pour des actes autres que ceux désignés ci-dessus ;

De consentir avec leurs deniers personnels des prêts qui ne seraient pas constatés par acte authentique ;

De contracter pour leur propre compte aucun emprunt par souscription de billet sous seing privé ;

D'employer, même temporairement, les sommes ou valeurs dont ils sont constitués détenteurs, à un titre quelconque, à un usage auquel elles ne seraient pas destinées, et notamment de les placer en leur nom personnel ;

De retenir, même en cas d'opposition, les sommes qui doivent être versées par eux à la Caisse des Dépôts et Consignations dans les cas prévus par les lois, décrets ou règlements ;

De recevoir ou conserver aucune somme en vue de son placement par prêt, si celui-ci ne doit pas être constaté par acte authentique ;

De négocier, de rédiger, de faire signer des billets ou reconnaissances sous seings privés et de s'immiscer de quelque manière que ce soit dans la négociation, l'établissement ou la prorogation de tels billets ou reconnaissances ;

De négocier des prêts autres qu'en la forme authentique et qu'assortis d'une sûreté réelle.

précède a permis de mesurer l'extrême diversité des actes passés par les notaires au cours des âges. Ce serait une gageure de recenser les prestations que l'on peut attendre d'un notaire.

Pour en donner néanmoins une idée concrète, nous utiliserons deux approches :

— en indiquant d'abord dans quel domaine *s'exerce* l'activité notariale, c'est-à-dire sur quels objets elle s'étend ;
— en précisant ensuite quelle est la *nature* de l'intervention des notaires dans ces différents domaines d'activité, c'est-à-dire quelle est sa portée.

Le domaine d'intervention. — Pour beaucoup, le notaire est seulement le rédacteur des ventes immobilières et celui qui règle les successions, c'est-à-dire l'homme auquel on a affaire pour acheter son logement et recueillir l'héritage de ses parents. Certes, il s'agit là d'actes couramment effectués par les notaires, mais on aurait une vue bien simpliste de la profession si on ne retenait à son actif que ces deux séries de travaux.

Pour situer l'activité notariale, il est d'usage dans la profession elle-même de dire qu'elle recouvre trois grands domaines : celui du droit de la famille, celui de l'immobilier et celui du droit des entreprises.

Familles. — Le droit de la famille, c'est l'ensemble des dispositions qui régissent la constitution de la famille et sa vie courante (régime matrimonial, droits et devoirs respectifs des époux, capacité des enfants, gestion du patrimoine) et ses mutations (décès, divorce, séparation, émancipation, majorité...), elles concernent tout autant les sujets du droit que sont les individus (capacité, pouvoirs, droits individuels), que les objets du droit que sont essentiellement les biens patrimoniaux (acquisitions, gestion, transferts).

C'est le domaine traditionnel de l'activité du notaire, et s'il intervient plus fréquemment pour régler des problèmes à incidence patrimoniale, il faut ajouter qu'aucun aspect du droit de la famille ne lui est étranger.

Tous les problèmes concernant le patrimoine familial, quelle que soit leur importance, peuvent être traités par les notaires, qu'il s'agisse d'en assurer la gestion (baux d'habitation, baux ruraux, évaluation de patrimoines, déclaration de revenus...), d'en transférer la propriété (ventes donations, constitutions de rentes viagères, donations pour cause de mort, donations entre époux, testaments, donations-partage, dévolutions successorales...).

Les notaires sont les spécialistes des régimes matrimoniaux : établissement de contrats de mariage, changement de régimes, partage de communautés en cas de divorce ou de décès.

Le notaire est consulté pour mettre en place les structures de gestion collective pour la gestion d'affaires familiales : sociétés civiles ou indivisions organisées, groupements fonciers agricoles...

Le notaire est l'arbitre souvent désigné pour la mise au point d'arrangements de famille (arbitrages proprement dit, conventions de divorce...), le notaire intervient également pour régler les problèmes juridiques sans incidence patrimoniale immédiate. C'est à lui que l'on peut avoir recours pour une reconnaissance de filiation naturelle, pour un acte d'adoption, pour l'organisation d'une tutelle.

Le notaire bénéficie de la part des familles d'un préjugé favorable qui en fait leur conseiller traditionnel. Ce n'est pas pour autant une activité routinière, car l'évolution des mœurs et du droit de la famille donne des développements toujours nouveaux : la mobilité des familles, notamment, est un facteur dont il doit tenir compte.

Immobilier. — Le deuxième domaine de l'activité notariale est celui de l'immobilier, c'est un domaine très étendu si l'on observe que la construction est le premier secteur de l'économie nationale, que l'immobilier reste l'objet privilégié de placement de l'épargne et que le gage hypothécaire est la clef du crédit.

La profession est sollicitée à tous les niveaux de l'activité immobilière. Au stade de la construction, le notaire assiste le promoteur, professionnel ou amateur, dans l'achat de terrains constructibles, la constitution de lotissements, la mise en place de sociétés civiles immobilières ou d'associations foncières urbaines.

Au stade de la commercialisation, le notaire établit les règlements de copropriété, se charge éventuellement de la négociation, passe les ventes, met en place les crédits hypothécaires...

Le notaire intervient également dans la gestion des immeubles, il renseigne le client sur les valeurs foncières par des expertises fondées sur sa connaissance du marché immobilier.

Il fournit les formules juridiques qui permettent d'adapter le droit de propriété aux besoins les plus divers : constitution d'usufruit, rente viagère, établissement de servitudes, propriété spatio-temporelle.

Défenseur traditionnel de la propriété privée, il peut jouer un rôle actif dans les instances d'expropriation et pour la constitution de structures d'action collective (association de la loi de 1901 de défense des locataires ou de propriétaires fonciers).

Entreprises. — Le troisième domaine d'activité de la profession est celui de droit des entreprises. Dans ce domaine, sa mission légale se limite à la déclaration de souscription du capital social des sociétés anonymes, mais l'activité de fait est plus large : la profession apporte son concours à la mise en place des organismes sociaux (actes constitutifs de sociétés) ; à leur vie sociale (établissement de contrats de travail, baux commerciaux, crédit-bail, augmentation de capital social, cession de parts, ventes de fonds de commerce, création de groupements d'intérêt économique) et à leur liquidation (fusion, dissolution). Certaines petites entreprises vont même jusqu'à demander aux notaires l'organisation de leurs assemblées générales et des actes courants de leur vie sociale.

Bien entendu, le notaire intervient systématiquement pour les opérations immobilières (réévaluation de bilan, cession d'immeubles des entreprises). Il déploie son activité au profit des entreprises industrielles comme des entreprises agricoles, mais il est beaucoup plus sollicité par le monde agricole que par le secteur industriel. Les entreprises industrielles et commerciales d'une certaine dimension ont, depuis longtemps, éprouvé le besoin de disposer de structures juridiques propres dont le notaire est le correspondant.

A l'inverse, l'entreprise agricole de dimension plus modeste a recours presque exclusivement au notaire qui est son unique conseiller en matière juridique et fiscale (1), tandis que pour les petites et moyennes entreprises, le notaire assure avec l'expert comptable l'assistance nécessaire.

(1) Le développement de l'exploitation agricole par des formules sociétaires (Sociétés coopératives, GFA, SICA...) rend plus utile la présence notariale.

A ces trois domaines, droit de la famille, immobilier, droit des entreprises, on serait tenté d'ajouter un quatrième domaine d'action, celui de la fiscalité ; mais si grande que soit la place de la fiscalité dans le monde juridique moderne, ce serait isoler artificiellement une activité qui se trouve prioritaire dans tous les autres domaines : fiscalité du droit de la famille (IRPP, imposition des plus-values...), fiscalité du droit immobilier (profits de construction, TVA, plus-value), fiscalité des affaires (impôts sociétés, patentes TVA...)

Le classement tripartite des prestations notariales donne une bonne idée de leur diversité sans fournir pour autant une liste exhaustive des services que le public est en droit d'attendre de la profession. La nomenclature des actes notariétés qui figure au tarif des notaires donne davantage de précisions, elle énumère 129 actes, on pourra s'y rapporter tout en notant qu'elle ne constitue pas davantage une liste limitative.

La nature d'intervention. — Une autre façon d'appréhender l'activité notariale consiste à analyser la nature de l'intervention du notaire.

On croit volontiers que le notaire se contente de mettre l'acte « en bonne et due forme », en réalité la passation de l'acte matérialise la décision des signataires, mais elle n'est qu'une phase dans le règlement juridique de cette affaire. Le notaire intervient bien avant la rédaction de l'acte, et son rôle ne s'arrête pas à la signature.

— L'intervention préalable à la rédaction de l'acte a pour objet le choix même de la nature du contrat à passer et des clauses à y inclure, c'est le « conseil juridique » ; l'intervention préalable à l'acte peut aussi avoir pour objet le choix du partenaire au contrat, c'est la négociation.

— De même l'activité du notaire ne s'arrête pas à la rédaction de l'acte, il participe parfois à l'exécution par exemple en liquidant les droits de succession, en opérant la mise en possession des héritiers, en gérant des prêts, en tenant les assemblées générales de sociétés.

Le conseil. — Le conseil juridique devient peu à peu l'essentiel de l'activité notariale, tant le public a besoin qu'on le guide dans le dédale de la réglementation, et qu'on lui assure la sécurité qui est le but même du droit.

Le conseil c'est l'analyse des moyens juridiques susceptibles d'être utilisés pour atteindre un objectif, c'est l'examen des conséquences à terme d'une situation actuelle, c'est le diagnostic d'une entreprise, l'évaluation d'un bien immobilier. Les notaires procèdent à ces analyses, ils expertisent, ils apprécient les conséquences fiscales, ils conseillent le choix d'un régime matrimonial ou d'un statut social...

Le notaire, en effet, n'est pas là seulement pour homologuer un accord, il doit étudier les termes du contrat qui réalise les objectifs de ses clients, tout en respectant les lois et les règlements publics. Les tribunaux qui ont à apprécier la responsabilité professionnelle des notaires parlent même d'un « devoir » de conseil.

La négociation. — Le notaire est souvent chargé de la négociation du contrat, c'est-à-dire de la recherche du partenaire et de la réalisation de l'accord sur les conditions, c'est-à-dire essentiellement le prix. Il assure ainsi très souvent la négociation de ventes immobilières (voir détail p. 45), et très fréquemment celles des prêts hypothécaires entre particuliers. Il se voit parfois confier la négociation de fonds de commerce et d'autres droits réels ou personnels. La prestation du notaire n'est pas pour autant de nature commerciale, mais elle implique le recours à des méthodes de travail similaires à celles du commerçant notamment à la publicité.

L'élaboration de l'acte. — L'acte (1) matérialise la décision, il est le maillon le plus important de la chaîne de traitement juridique. L'acte est l'application du droit, l'*instrumentum*, l'outil de la mise en œuvre.

La confection d'un acte notarié, qui était autrefois une opération essentiellement intellectuelle faisant intervenir un petit nombre d'éléments, est désormais un travail de montage juridique. Le notaire est tenu avant toute chose par la régularité des contrats même si parfois l'opportunité en vient à passer au deuxième plan.

La préparation de l'acte donne lieu à une collecte d'informations et de documents administratifs (documents d'état civil, procuration, documents d'urbanisme), voire à des opérations préalables (accords administratifs, purge de droit de préemption...), de sorte qu'elle nécessite un compte à rebours méticuleux.

L'élaboration et la rédaction de l'acte constituent le centre même de l'activité des offices ; nous reviendrons plus loin sur les spécificités de l'acte notarié et les avantages qu'il procure au public (voir p. 113). Bornons-nous pour l'instant à une description for-

(1) L'acte notarié est un terme générique qui recouvre les contrats synallagmatiques (vente, prêts, location...) et les actes unilatéraux (procuration, constats, inventaires...). Son sens étymologique illustre bien la fonction du notaire, puisque l'acte c'est l'action : la même racine latine *actio* a donné naissance au terme d'action en justice et d'acte qui signifie la mise en œuvre amiable d'un droit. L'acte apparaît bien ainsi comme le préalable nécessaire à l'exercice du droit et le notaire comme un homme d'action.

melle de l'acte authentique : passé « par-devant notaire » dont l'original, ou minute, est signé en sa présence, qui est revêtu de la formule exécutoire, sur la validité duquel le notaire engage sa responsabilité en apposant lui-même sa signature et qui est conservé en l'étude, après avoir été répertorié.

Les formalités administratives. — La passation de l'acte ne s'arrête pas à sa signature par les parties et le notaire. Pour garantir la sécurité des tiers, le droit moderne est de plus en plus formaliste et le notaire doit, après signature, procéder à ces formalités multiples et diverses sans lesquelles l'acte risquerait d'être imparfait et de n'avoir pas tous ses effets, c'est la formalité de l'enregistrement, celle de la publicité foncière, celle de l'inscription au Registre du Commerce..., qui doivent être accomplies dans les délais stricts en fournissant toutes les précisions utiles aux différents services publics.

La gestion. — Après l'accomplissement des formalités, le notaire ne se désintéresse pas de l'exécution de l'acte ; non seulement d'une façon générale, il est responsable de l'efficacité des contrats, mais aussi souvent il assure ce qu'on appelle vulgairement le « service après vente ». Ainsi, il peut se charger de la gestion du prêt hypothécaire c'est-à-dire avoir mandat pour recevoir les intérêts, les solliciter et les remettre à son client. Ainsi il peut se charger de la gestion d'immeubles et recevoir un mandat plus général de gérer un patrimoine (1).

Conservation. — Parmi les services « après vente » nous soulignerons celui qui est accompli systématiquement pour la conservation des actes et titres de

(1) Notamment dans les cas de personnes sous tutelle.

propriété. Le notaire est un conservateur-archiviste ; cette fonction est devenue particulièrement utile à une époque où la mobilité de la population rend parfois difficiles les recherches. Les notaires ont l'obligation de conserver les minutes de leurs actes ; au-delà de cent ans, ils ont la possibilité de les remettre aux archives départementales qui les conservent sous leur responsabilité. Pour que la sécurité de ces archives soit assurée dans les meilleures conditions, ils ont pris récemment l'habitude de les faire micrographier, ce qui leur permet un double archivage en des lieux différents, avec des conditions de sauvegarde totales.

La Clientèle

Pour qui le notaire mène-t-il cette activité ?

Plus de cinq millions de personnes passent chaque année dans les offices, qui sont-elles ?

Aucune étude scientifique précise du marché notarial n'a encore été effectuée. C'est la conséquence du caractère libéral de la profession qui s'interdit toute promotion, et partant, toute étude de marché. Si l'on ne peut évaluer de façon précise le volume de la clientèle notariale, du moins peut-on en faire une analyse sommaire en distinguant :

— une clientèle régulière de familles dont la fortune nécessite un recours assez continu au conseil notarial ;
— une clientèle occasionnelle d'employés, de salariés, de jeunes cadres qui ne s'adressent guère aux notaires que pour les transactions immobilières et le règlement des successions ;
— une clientèle d'exploitants agricoles qui a recours aux notaires pour régler tous ses problèmes juridiques, quels qu'ils soient, et lui demander assistance pour l'établissement de dossiers administratifs ;
— des grandes entreprises qui s'adressent surtout au notaire pour l'établissement de leurs statuts sociaux et pour traiter leurs opérations immobilières ;

— de petites et moyennes entreprises qui demandent en outre au notaire une assistance pour les actes de leur vie sociale, notamment la tenue des assemblées générales, des conseils juridiques et fiscaux ;
— des collectivités locales et des établissements publics pour lesquels le recours au notaire fait partie des garanties que prennent les personnes responsables de la gestion des deniers publics ;
— des professionnels de l'immobilier (promoteurs, marchands de biens, agents immobiliers) qui travaillent régulièrement avec les notaires ;
— des banques et établissements financiers qui ont recours aux notaires pour les constitutions d'hypothèques.

Cette analyse de la clientèle notariale est utile pour mesurer l'impact social de la profession. Elle permet également de comprendre l'évolution des besoins auxquels le notariat doit faire face. Si les besoins de la clientèle familiale et rurale sont, d'une façon générale, bien appréhendés et correctement satisfaits, si la profession a su faire face aux questions multiples nées de l'essor de la construction immobilière et du développement de l'accession à la propriété, elle se trouve actuellement obligée de diversifier ses activités et d'accroître ses compétences dans des secteurs qui lui sont moins familiers pour satisfaire la clientèle des entreprises industrielles et commerciales.

Les notaires n'ont pas cru également devoir sortir de leur office pour aller régler les affaires juridiques au sein même des entreprises, et les industriels ont préféré intégrer à leur société des juristes d'entreprise, toujours présents et connaissant mieux de ce fait les objectifs de la société et ses problèmes internes.

Ce sont les mêmes difficultés d'appréhender une clientèle, dont le besoin juridique est permanent, qui ont parfois déçu la clientèle des collectivités et des établissements publics, encore que dans certaines régions les notaires ont su mettre à la disposition des administrations des moyens juridiques à l'échelle d'opérations d'envergure exceptionnelle (1).

Là où le même effort n'a pu être effectué, l'Administration a

(1) Ainsi des accords collectifs ont été passés entre certaines Chambres des Notaires et les Services de l'Equipement, engageant la profession à réaliser les transferts de propriétés nécessaires à la construction d'autoroutes dans des délais très brefs et à des coûts réduits.

parfois préféré se passer du notaire pour opérer elle-même les transferts de propriété.

Au lieu d'être passé par acte notarié, le contrat est alors pris sous forme d'acte administratif. L'Etat qui délègue au notaire le pouvoir d'authentifier les actes peut évidemment le déléguer à ses propres fonctionnaires, mais il n'est pas évident que le prix de revient de l'acte administratif soit moindre que celui de l'acte notarié, et surtout, il n'est pas bon pour la défense des intérêts privés que le service public soit ainsi juge et partie.

Rôle économique et social

Pour avoir la mesure réelle de l'activité notariale il convient maintenant de prendre une certaine distance en ne considérant plus seulement les prestations diverses qu'un office notarial procure à sa clientèle, mais en évaluant le poids global de l'ensemble de ces prestations dans la vie économique et sociale de la nation.

Nous avons vu dans le rapide historique qui ouvre cet ouvrage que les notaires ont joué dans l'Ancien Régime et pendant tout le XIXe siècle un grand rôle. Ce rôle a-t-il décliné depuis ? On serait tenté de le dire si on considère que le notariat n'est plus la seule profession juridique à faire face à l'ensemble des besoins de la population. Mais le jugement est différent si on raisonne en volume réel d'activité, c'est-à-dire si on tient compte de l'accroissement des besoins juridiques et de l'évolution générale qui ont conduit dans tous les domaines à une diversification des tâches et des structures.

La division du travail est une loi universelle : Quel est l'agriculteur qui de nos jours traite lui-même sa production ? Quel est l'industriel qui ne limite sa gamme de fabrication ? Ainsi, le notariat français a concentré son activité sur certains domaines ; mais dans les secteurs où il agit, son rôle a pris plus d'ampleur, et il est à noter que parmi les nations dotées de cette institution, c'est en France actuellement que le notariat a le plus grand domaine d'activité.

Pour apprécier le rôle économique et social du notariat, nous retiendrons :

— le rôle du notariat dans la collecte et le placement de l'épargne ;
— la contribution qu'il apporte à la construction et aux échanges immobiliers ;
— l'importance des transferts de patrimoines individuels ou sociaux qu'il réalise ;
— l'appui qu'il apporte à l'Administration ;
— l'assistance qu'il fournit aux individus ;
— l'action qu'il mène pour adapter le droit à l'évolution sociale.

Notariat et épargne. — Le développement du secteur bancaire pour le financement de l'industrie, puis la création d'établissements spécialisés dans le financement de l'immobilier ont enlevé au notariat le rôle de premier plan qu'il jouait autrefois dans l'organisation du crédit.

Les besoins monétaires et le niveau des investissements nécessitaient des structures et des méthodes incompatibles avec les missions et le statut du notariat. Mais la profession n'est pas pour autant restée en marge des grands circuits d'épargne :

— par le dépôt des fonds de ses clients à la Caisse des Dépôts et Consignations, elle participe à l'alimentation de la Trésorerie publique ;
— par la conclusion de prêts hypothécaires de particulier à particulier, elle alimente un marché de capitaux privés.

Les fonds déposés. — Les notaires sont amenés à recevoir des dépôts de fonds plus ou moins importants (provisions sur prêts, produits de ventes en attente de formalités, sommes sous séquestre...).

Ils ont l'obligation de mettre ces sommes en dépôt dans les Caisses du Crédit agricole pour les offices de communes rurales, et à la Caisse des Dépôts et Consignations pour les offices des villes de plus de 30 000 habitants.

Les fonds qu'ils déposent se joignent à ceux des grands collecteurs d'épargne (comptes courants postaux, caisses d'épargne...), et le notariat participe ainsi à l'alimentation d'un des circuits privilégiés d'alimentation du Trésor public. Les sommes qu'il collecte représentent en permanence un volant moyen d'une vingtaine de milliards de francs.

Les prêts de particulier à particulier. — Plus de 150 000 actes de prêts notariés sont négociés chaque année de particulier à particulier. Pour les prêteurs, ces prêts constituent un placement à moyen terme à un taux d'intérêt supérieur au revenu des obligations publiques. Pour les emprunteurs, c'est un crédit privé qui vient parfois compléter un prêt bancaire ou qui permet d'anticiper une rentrée d'argent.

Ce crédit présente pour les particuliers la souplesse d'un secteur libre échappant aux règles de l'encadrement de crédit bancaire. Pour l'Etat, il a l'avantage d'être un crédit non inflationniste : la somme prêtée est rigoureusement égale à la somme empruntée, il n'y a pas création de monnaie comme il s'en réalise par l'intermédiaire des banques.

Pour faciliter la conclusion des prêts hypothécaires notariés, pour en uniformiser et en abaisser les taux d'intérêt, pour en garantir la bonne fin, les notaires ont organisé la négociation des prêts privés.

Ils ont passé des accords avec le Crédit foncier de France, la Caisse des Dépôts et Consignations et un certain nombre d'établissements financiers de crédit immobilier, qui se portent caution des emprunteurs, de telle sorte que le prêt notarié est devenu un placement très sûr, cumulant la garantie d'un gage immobilier et celle d'une caution bancaire.

Le notariat a mis en place une vingtaine de centres régionaux qui centralisent les offres et les demandes de capitaux de leur clientèle, afin qu'elles trouvent plus rapidement une contrepartie et que leur confrontation dégage un véritable taux de marché. Il s'agit tantôt de simples centres de coordination et d'information dont la gestion a été confiée à la Compagnie française d'Epargne et de Crédit, tantôt d'organismes plus intégrés comme le Centre national des Prêts hypothécaires de Pompadour, en Corrèze, qui assure également la gestion des prêts et la négociation des créances.

La technique de la consolidation des prêts privés par un établissement financier est le dernier élément de cette organisation : le prêt notarié est en effet un prêt conclu à court terme (1) et qui n'est pas amortissable, c'est-à-dire que le capital en est remboursé intégralement à l'échéance. L'emprunteur qui souhaite un crédit à long terme peut, par la consolidation (2), transformer un prêt notarié non amortissable en un prêt à six, douze ou quinze ans dont il rembourse le capital progressivement dès les premières mensualités.

(1) Le plus souvent deux ou trois ans.

(2) La consolidation est opérée par les banques et les établissements financiers qui prennent le relais du prêteur privé à l'échéance conventionnelle, et perçoivent dès le début du prêt le remboursement du capital correspondant à l'amortissement.

Grâce à cette organisation, les prêts notariés fournissent un crédit privé de 300 à 400 millions de francs par an. On estime le total des encours de prêts notariés à dix milliards de francs environ, c'est bien peu de chose si on rapporte ce chiffre ne serait-ce qu'au montant des prêts hypothécaires du secteur bancaire, mais c'est néanmoins un service précieux rendu à des familles, à des accédants à la propriété, à des artisans...

Les parts de groupements fonciers agricoles. — Depuis 1977, les notaires ont entrepris de favoriser l'investissement de l'épargne privée dans les biens fonciers agricoles en mettant en œuvre les moyens de la profession. Il s'agissait de mettre sur le marché des terres à louer pour permettre à des jeunes de s'installer comme exploitants agricoles.

L'instrument juridique de cette politique agricole est contenu dans deux lois de 1970 créant le « Groupement foncier agricole » et le « Bail rural à long terme ». Le GFA, société civile, répartit la propriété foncière entre un certain nombre de porteurs de parts, apporteurs de capitaux ; l'exploitant agricole prend à bail les terres du Groupement foncier et peut réserver toutes ses disponibilités pour des achats d'équipement.

Le notariat ne s'est pas contenté de mettre à la disposition du monde rural ces instruments juridiques, il a voulu assurer le fonctionnement des structures nouvelles, d'une part en jouant de sa présence simultanée dans les zones rurales manquant de capitaux et dans les villes où la population épargnante est plus importante ; d'autre part en créant de toutes pièces un marché des parts de GFA qui donnent à ce nouveau placement la fluidité nécessaire.

Une collaboration s'établit ainsi tout naturellement entre les notaires des zones rurales qui forment les statuts des GFA et les notaires des zones urbaines qui sont à même de trouver dans leur clientèle les amateurs pour un placement qui joint à la sécurité des avantages fiscaux non négligeables. Cette collaboration se réalise par l'intermédiaire du Conseil supérieur du Notariat qui assure la publicité des constitutions de GFA et des parts mises en vente.

La tradition du notariat français qui s'est toujours soucié des problèmes de l'épargne est donc encore vivante. Si le notaire n'intervient plus directement la plupart du temps (1) il reste un conseil privilégié pour le placement de l'épargne, puisqu'il connaît généralement le patrimoine et la situation de famille de ses clients qui sont deux éléments nécessaires au diagnostic d'un bon conseil.

Notariat et immobilier. — L'essor de la construction qui a marqué les années soixante et les méthodes de financement du logement qui ont encouragé l'accession à la propriété ont fait de l'immobilier un secteur de pointe.

Le notariat y joue un rôle de premier plan par l'aide qu'il apporte aux promoteurs (professionnels ou amateurs) et aux accédants à la propriété (investisseurs ou occupants).

Construction. — Spécialiste de la réglementation de l'urbanisme, du droit de la construction et de la fiscalité immobilière, le notaire est le conseiller du promoteur au moment où il décide ses opérations

(1) Notamment, depuis la réforme du régime du placement des obligations publiques réalisées en 1968, à la suite des propositions de la Commission LECA, les notaires ne sont plus des « placeurs » ; les titres d'emprunt sont essentiellement diffusés par le secteur bancaire privé ou public.

de promotion. Il intervient ensuite dans le montage de l'opération : achat de terrains constructibles, lotissements, réglementations de copropriété, mise en place de crédits hypothécaires... Il se retrouve enfin au bout de la chaîne de commercialisation pour passer les ventes le plus souvent sous forme de vente en l'état futur d'achèvement. Toutes ces techniques ont été mises au point progressivement, car il ne pouvait être question de traiter la construction de 500 000 logements par an, le plus souvent sous forme de grands ensembles immobiliers, avec les méthodes employées jadis pour bâtir quelques dizaines de milliers de logements, consistant, la plupart du temps, en maisons individuelles.

Le notariat est, avec la banque, la profession sur laquelle s'appuient constamment les petits promoteurs qui ne disposent pas, dans une très grande généralité des cas, de service juridique propre.

Echanges. — Mais le notariat ne joue pas seulement un rôle dans la production immobilière. Il agit également sur le marché proprement dit, c'est-à-dire dans les échanges. Le nombre de transactions immobilières s'est accru depuis vingt-cinq ans dans les proportions de un à trois, de par l'action conjuguée de l'accroissement du parc des logements, du développement de l'accession à la propriété et de la mobilité de la population. Le marché de l'immobilier est maintenant de loin le plus grand marché économique national, il s'y échange chaque année en moyenne un million d'immeubles bâtis ou non pour une valeur globale de l'ordre de 250 milliards de francs.

Les notaires ont toujours pratiqué la négociation immobilière. Ils en ont encore la quasi-exclusivité dans les zones rurales. Dans les villes, les notaires totalement mobilisés ces dernières années par le travail à fournir pour la promotion immobilière, ont laissé aux agents immobiliers le soin de mener la plupart des négociations immobilières. La tendance actuelle est à une reprise en main de l'activité traditionnelle de négociation avec des méthodes mieux adaptées au marché.

Pour éviter des négociations menées par une foule d'intermédiaires dont chacun réalise un nombre infime d'opérations à des prix disparates, moyennant des délais d'immobilisation et des frais élevés, la profession utilise simultanément des techniques modernes de négociation de gré à gré et de ventes publiques.

La négociation de gré à gré, plus répandue et mieux connue du public, est rendue plus efficace par l'organisation de centres régionaux de négociation dans lesquels le regroupement des immeubles mis sur le marché est réalisé de telle sorte que tous les offices du groupement participent à l'information de la clientèle.

Le public trouve dans chaque office adhérant au groupement de négociation la même qualité de conseil sur les questions juridiques et fiscales et les modes de financement. Il trouve également dans chacun des offices du groupement la même source d'information sur le portefeuille des immeubles disponibles à la vente et parfois à la location. Chacun de ces immeubles ayant été expertisé au préalable par un notaire fait l'objet d'un dossier descriptif rigoureusement objectif.

Il existe ainsi une trentaine de groupements régionaux de notaires négociateurs, principalement dans la région du nord et de l'ouest de la France. Ceux des notaires de Lille et d'Ile-et-Vilaine sont parmi les plus actifs.

Pour la négociation des immeubles de prestige dont la clientèle est nationale, voire internationale, le regroupement est fait au niveau de la profession et justifie un support publicitaire spécifique (1).

Les notaires ne se contentent pas d'apporter à la négociation de gré à gré les garanties offertes par le respect de leur déontologie et l'efficacité du groupement de leurs moyens, ils organisent également des centres de ventes publiques immobilières qui constituent un véritable « marché témoin régulateur de prix ».

Au lieu de procéder à des ventes aux enchères isolées, ils centralisent la mise en vente des immeubles sur des marchés régionaux, contrôlent les mises à prix par des expertises, informent systématiquement les professionnels et les amateurs par voie de presse et par voie postale, de telle sorte que se réalise la libre confrontation de l'offre et de la demande, caractéristique d'un marché économique.

Dans le même temps, l'organisation de ce marché immobilier permet une négociation plus rapide et à moindres frais. Plus rapide parce que le cahier des charges de la vente est établi à l'avance, et qu'une large information publicitaire permet de réunir vite l'ensemble des personnes intéressées par l'immeuble. Deux mois suffisent en général pour aller de la décision de mettre en vente à l'accomplissement de toutes les formalités du transfert de propriété.

A moindres frais également parce que le groupement de la publicité permet de réaliser des économies, et parce que les émoluments du notaire, pour une vente aux enchères, sont très nettement inférieurs à ceux qui lui reviennent pour une vente négociée de gré à gré.

Le principal centre de ventes publiques est celui de Paris - Ile-de-France qui fonctionne à la cadence d'une séance hebdomadaire de ventes et pratique indifféremment les ventes avec mise à prix et sans mise à prix : dans les ventes aux enchères,

(1) Revue *Maisons de France*.

avec mise à prix le montant de la mise à prix est généralement assez proche de la valeur vénale de l'immeuble et l'adjudication est prononcée au bénéfice du dernier soumissionnaire. Dans les ventes aux enchères sans mise à prix, les enchères partent à un prix quelconque, elles sont en réalité des offres d'achat, et la vente ne se réalise que sous réserve de leur acceptation par le propriétaire vendeur.

Le financement de ce marché est assuré par le Crédit foncier de France pour les achats d'immeubles à usage d'habitation. Le grand établissement financier s'est en effet engagé avec les notaires pour consentir des prêts aux acquéreurs sur la base du prix d'adjudication considéré comme le prix du marché. Cela signifie que les prêts sont consentis sur simple demande, sans expertise préalable ni dossier justificatif de solvabilité, aux taux habituels de crédit à long terme du Crédit foncier de France dans la limite de 50 % du montant de l'adjudication. C'est seulement si le montant du prêt sollicité dépasse ce pourcentage que le Crédit foncier procède à un examen de solvabilité de l'acquéreur (1).

D'autres centres de ventes publiques immobilières sont en cours d'organisation, notamment à Marseille, à Nice et à Nantes.

Publicité foncière. — Le notariat est le correspondant privilégié de l'Administration chargée de la transcription immobilière.

C'est la collaboration étroite du notariat avec les services des conservateurs des hypothèques, c'est le soin qu'apportent les offices à recueillir et à vérifier les éléments d'information qui sont transcrits au registre foncier qui donnent au système français de protection des titres de propriété toute sa valeur.

Chaque année, deux ou trois millions d'opérations (cessions, inscriptions d'hypothèques, radiations...) sont ainsi effectuées sous contrôle notarial. Ce travail obscur est vital pour l'économie car les biens fonciers sont encore de nos jours, malgré le

(1) Le prêt est alors consenti par le Crédit foncier de France et un autre établissement financier dans le cadre des prêts consortiaux.

degré d'industrialisation du pays la part prépondérante du patrimoine des particuliers, des entreprises et des services publics.

Cadastre. — L'administration du cadastre opère la mise à jour continue des informations du cadastre (matrice cadastrale et mutations), avec les éléments que lui fournit le notariat. C'est un service rendu à l'Administration qui est assurée de disposer ainsi d'une source d'information très sûre, mais c'est aussi un service rendu aux particuliers puisque le cadastre sert de base aux impôts locaux et qu'il est important d'éviter toute erreur d'imposition.

Fiscalité immobilière. — La fiscalité immobilière met en œuvre un arsenal de dispositions qui seraient difficilement applicables sans la présence de notaires (enregistrement, droit de transcription, TVA, taxation des plus-values...). La protection de l'individu vis-à-vis de l'application des textes mal connus, et dont il est indispensable de prévoir pour chaque opération les incidences actuelles et futures, est une des missions générales de la profession.

Information logement. — Rouage essentiel des circuits de production et d'échanges immobiliers, le notariat est également apte à fournir cette information logement qui est devenue un besoin très général : informations sur la valeur vénale par l'expertise, renseignements sur les crédits immobiliers, orientation des recherches de logements, indications concernant les coûts et délais, le régime fiscal et la nature juridique des engagements pris.

C'est en raison de cette compétence particulière et du rôle que joue le notariat dans l'immobilier que les notaires sont présents dans les instances nationales (1) et que le Conseil supérieur du Notariat est consulté sur les projets de réforme foncière.

Notariat et patrimoine. — Il est un autre domaine où le rôle économique du notariat est particulièrement sensible, c'est celui des transmissions de patrimoines.

Le développement du patrimoine des Français est un fait économique. En 1975, il représentait 3 340 milliards de francs, dont 25 % d'actif financier et 75 % de droits réels, essentiellement immobiliers. Ce patrimoine ne disparaît pas avec l'individu, il reste, comme son sens étymologique le souligne, le bien familial, celui qui se transmet de génération en génération. La notion d'héritage est le corollaire du droit de propriété, elle fait partie des valeurs d'une société libérale.

La tendance sociale actuelle conduira vraisemblablement à un accroissement des droits de succession sur les grosses fortunes, tout en favorisant la libre transmission des petits et moyens patrimoines. Le règlement rapide des successions est donc une nécessité économique, les techniques de la dévolution successorale prennent chaque jour plus d'importance. Déjà en 1977, selon une enquête du Centre de Recherche économique sur l'Epargne, un Français sur quatre héritait de biens dont la valeur moyenne s'établissait à 105 000 F.

C'est le notariat qui réalise ces transferts de patrimoines.

A l'inverse de leurs homologues allemands et d'autres pays du notariat latin, qui se contentent de recueillir et de conserver les testaments et de

(1) Centre national d'Etudes et d'Initiatives en faveur du Logement (CNEIL) ; Association nationale pour l'Information Logement (ANIL) ; Centre national de l'Accession à la Propriété.

saisir les tribunaux chargés de régler les successions, les notaires français assurent l'intégralité de cette tâche d'intérêt public, œuvre d'autant plus délicate que le régime successoral français est un des plus élaborés.

C'est un domaine où les notaires ont dû faire preuve de leurs qualités d'organisateurs. Prenant en compte l'extrême mobilité de la population, ils ont créé un fichier central des testaments traité sur ordinateur, qui permet de savoir rapidement et à coup sûr si une personne qui est décédée a ou non fait un testament et de connaître dans quel office celui-ci est déposé.

Ils ont fait porter leurs recherches méthodologiques sur le règlement des successions. Ce règlement consiste en une série d'opérations en chaîne susceptibles d'être ordonnancées rationnellement (1). Les travaux d'un Congrès national ont été consacrés à ces méthodes, et le recours à des techniques d'appui : reprographie, machines à mémoire, informatique ont permis d'augmenter à la fois la sécurité et la rapidité.

L'activité notariale, en matière de transmission des patrimoines, n'intéresse pas seulement les particuliers elle concerne également l'Administration ; le notaire, en effet, est chargé du règlement des droits de succession : c'est un impôt qu'il doit tout à la fois calculer et recouvrer. Il le fait en appliquant la loi au mieux des intérêts du contribuable, sachant le faire bénéficier des avantages existants (2),

(1) Identification des héritiers, inventaire de patrimoines, détermination du patrimoine propre, évaluation de l'actif net, expertise des biens, établissement de la déclaration de succession, mise en œuvre de la dévolution légale ou testamentaire, calcul des droits de succession, mise en possession des héritiers...

(2) Les avantages concernant les biens exonérés de droits de succession au titre de conseils préalables et le mode de paiement des droits de succession par l'usage de titres de l'emprunt à 4,5 % 1973.

et les assistant efficacement auprès de l'Administration lorsqu'elle entend procéder à des « redressements » de valeurs déclarées (1).

Ce rôle d'intermédiaire entre l'Administration et l'individu est très significatif de la mission sociale du notariat et nous amène à l'analyser plus avant.

Notariat et administration. — Praticiens du droit, les notaires ont à faire face aux réalités quotidiennes : le législateur édicte des règles générales, le gouvernement et l'Administration prennent des mesures réglementaires qui demeurent encore, à un certain niveau de généralité. C'est au notariat de fournir les moyens d'application propres à chaque cas particulier. Il est donc dans la mission du notariat d'avoir une action complémentaire à celle du « législateur » entendu au sens large du terme.

Le notariat a également le rôle d'auxiliaire de l'Administration, parce qu'il prolonge l'action d'un certain nombre de services publics et surtout parce qu'il permet le contrôle et la mise en œuvre de lois qui seraient, au sens propre du terme, inapplicables sans son intervention.

Le premier exemple de cette activité auxiliaire de l'Administration est dans le rôle que joue le notariat comme correspondant des services de publicité foncière : pendant des siècles, le notariat, par la conservation des titres de propriété, a assuré seul le dispositif de publicité foncière indispensable à la sécurité des transactions immobilières. Depuis que le développement de la propriété fon-

(1) Les notaires peuvent alors opposer aux prétentions de l'Administration des évaluations fondées sur les références de ventes immobilières qu'ils possèdent et sont les meilleurs éléments pour justifier de valeurs vénales.

cière et du crédit hypothécaire ont conduit le législateur à créer un service public : les conservations d'hypothèques, le notaire en est le correspondant et son office est le guichet par lequel il communique avec le public.

Auxiliaire de l'Administration, le notaire l'est également lorsqu'il collecte les impôts pour le compte de l'Etat. Il assure ainsi pour l'Etat un service complet puisqu'il doit à la fois définir l'assiette, calculer les droits et retenir les fonds.

Le notaire est aussi l'auxiliaire de l'Administration pour la mise en œuvre des réformes foncières et de la réglementation de l'urbanisme. Les dispositions, de plus en plus complexes, qui régissent le droit de la construction, seraient lettre morte sans l'intervention d'une profession qui endosse en quelque sorte par sa responsabilité professionnelle les conséquences de la réglementation administrative. Non seulement le notaire, parce qu'il doit veiller à l'application des règlements, évite à l'Administration d'entretenir des services de contrôle onéreux et inefficaces dans la mesure où ils interviennent *a posteriori*, mais l'Administration s'en remet au notariat pour avoir les moyens de réaliser certaines réformes.

Deux exemples peuvent être cités à cet égard :

— Le premier dans la réforme foncière de 1977 qui a limité les droits de construire par la définition de coefficients d'Occupation des Sols et d'un plafond légal de densité.

Cette réglementation aboutit à créer une notion de potentiel de constructibilité à partir d'une situation initiale, celle qui existait à la date de parution des textes, situation à laquelle il faudra pouvoir se référer... C'est au notaire qu'il est demandé de comptabiliser en permanence ce potentiel de constructibilité à travers toutes les divisions de parcelles et les mutations de propriétés.

— Le deuxième exemple est dans la réforme des lotissements de 1977. La définition nouvelle du lotissement fait référence, pour son application, à un élément temporel. Désormais, il faut systématiquement remonter dix ans en arrière pour déterminer si une opération immobilière rapprochée d'une opération immobilière antérieure constitue avec celle-ci un lotissement.

Là encore, c'est au notaire qu'il est demandé de mettre en œuvre un système d'enregistrement qui permettra l'application de la loi sans entraver inutilement la liberté individuelle (1).

Le notariat est l'auxiliaire de l'Administration d'une façon beaucoup plus générale lorsqu'il fait connaître le droit et qu'il en garantit l'application correcte.

L'authentification d'un acte contenant une clause contraire aux lois et règlements est considérée comme une faute professionnelle entraînant la responsabilité du notaire et susceptible de le rendre complice d'une infraction. Le notaire ne peut donc, même sur l'insistance de ses clients, se couvrir par une reconnaissance de conseils donnés ; c'est l'avantage des pays de droit latin qui possèdent l'institution notariale que de n'avoir pas seulement une justice pour sanctionner les illégalités, mais aussi un notariat pour les éviter.

Notariat et individu. — Le fait que le notaire ait ainsi une mission de service public constitue pour certains un facteur d'ambiguïté : ils comprennent mal où se situe le notaire qui est tantôt le confident de son client, tantôt l'auxiliaire de l'Administration. Tout est parfaitement clair cependant dans un régime libéral. Dans un tel régime, la loi est

(1) L'assistance que le notariat français fournit à l'Administration n'est pas pour autant un asservissement : le notariat a le souci permanent de défendre les intérêts des individus vis-à-vis de l'Administration. Il fait valoir ce point de vue lorsqu'il est consulté sur les projets de loi. Il milite pour la simplification du formalisme administratif et l'abrègement des délais. A cet égard, on voit de plus en plus les notaires, fatigués de supporter les reproches de leurs clients pour le retard des dossiers imputable à l'Administration, dénoncer à leurs clients par des affiches dans les études les délais des formalités les plus courantes (certificat d'urbanisme : 2 à 4 mois)...

l'instrument du libéralisme : elle est la règle générale, connue à l'avance, qui fixe des limites à la liberté individuelle pour en assurer le meilleur exercice en évitant que la liberté des uns entrave la liberté des autres.

Dans une telle société qui est la nôtre, le notaire est l'homme de loi en même temps qu'il est l'homme du contrat, et c'est à ce double titre qu'il a un rôle éminemment social.

Connaître ses droits et leur limite a toujours été une nécessité sociale, mais cette nécessité est plus grande de nos jours, car l'Etat intervient de plus en plus fréquemment en prenant des mesures de circonstance pour favoriser, ou à l'inverse, contrarier telle ou telle activité par des dispositions le plus souvent de nature fiscale.

Dans ces conditions, seul l'homme informé peut tirer profit des dispositions législatives et faire coïncider ses intérêts particuliers avec l'intérêt général.

Avec ses 5 500 offices répartis sur l'ensemble du territoire, le notariat est à cet égard le premier services d'information juridique. Non seulement il répond aux questions de ses clients, mais de plus en plus fréquemment il prend l'initiative d'une information systématique par l'édition de documents d'information (brochures, dépliants...) diffusés à l'intérieur des offices ou par d'autres réseaux (1).

Le notariat est aussi un service d'assistance technique juridique. L' « assistance technique » est un terme d'usage relativement récent qui traduit

(1) A titre d'exemple, la Chambre des notaires de Paris, ainsi qu'un certain nombre de Chambres départementales, diffusent gratuitement, à tous les futurs époux au moment de la publication des bans, un « carnet de prévoyance » qui contient les renseignements juridiques les plus élémentaires et permet de garder mémoire des principaux actes juridiques accomplis.

assez bien le fait que dans la société moderne, l'individu, comme l'entreprise d'ailleurs a de plus en plus recours à des spécialistes pour les opérations qu'il mène. Technicien du droit, le notaire fournit cette assistance par ses conseils et par l'élaboration des actes. On ne peut mieux exprimer cette mission sociale qu'en reprenant les termes employés par la Cour de cassation dans un arrêt du 22 septembre 1890 : « Le notaire a pour mission, soit d'éclairer ses clients sur les conséquences de leur engagement et de suppléer par son initiative à leur inexpérience, soit de les renseigner utilement s'il est à même de le faire à l'occasion des actes projetés afin d'éviter, dans la mesure du possible, que leurs intérêts ne viennent à être compromis. »

La mission sociale du notariat s'est élargie et adaptée aux besoins du monde moderne, mais elle a toujours été l'aspect fondamental de l'institution. Dans un ouvrage de 1741 (1), nous en retrouvons une définition qui est toujours actuelle :

> « Guidé par sa science juridique, le Notaire prévoit d'abord les conséquences de tous les termes des contrats qu'il dresse et trouve les tempéraments sûrs et judicieux pour concilier également les intérêts de chaque partie. C'est un médiateur qui termine les contestations avec équité, qui prévient avec prudence celles qui pourraient naître par la suite, enfin une espèce d'arbitre ou de juge qui, par son exactitude à mettre les intentions des contractants dans tout leur jour, assure tout à la fois et la possession des biens et la tranquillité des familles. »

Le notariat et l'évolution du droit. — Confrontés tous les jours aux besoins du public, les notaires connaissent très exactement le niveau d'adaptation du droit à la réalité sociale.

Ils ne se contentent pas d'appliquer passivement les lois et les règlements, ils développent paral-

(1) Claude FERRIÈRE, *Le Service parfait des notaires.*

lèlement à leur activité quotidienne des travaux de recherche qui aboutissent le plus souvent à des réformes juridiques.

C'est essentiellement dans le cadre de leurs congrès annuels qu'ils mènent cette action de recherche. Au lieu d'études consacrées à la défense des intérêts professionnels, les Congrès des Notaires sont mis à profit pour l'étude des secteurs juridiques qui nécessitent une adaptation. L'ordre du jour des congrès des vingt dernières années (voir page suivante) illustre cette action.

Aux Congrès de Biarritz en 1953 et de Vichy en 1958, les notaires s'étaient penchés sur le statut juridique de la femme mariée. Ils avaient demandé : l'adoption comme régime légal de la communauté de biens réduite aux acquêts, la possibilité de stipuler des clauses d'attribution portant sur les biens propres des époux, la libre gestion de ses propres biens par la femme, une participation de cette dernière à la vie de la communauté pour les actes importants, un assouplissement de l'immutabilité des conventions matrimoniales, la possibilité enfin de constituer des sociétés entre époux. Toutes ces demandes ont été prises en considération par le législateur.

Le Congrès de 1955 réuni à Vittel avait pour thème : *Les droits successoraux du conjoint survivant*. Les vœux adoptés demandaient pour le conjoint survivant « le qualité d'héritier avec attribution de la saisine pour lui éviter l'envoi en possession auquel il était tenu en qualité de successeur irrégulier, une vocation héréditaire excluant celle des collatéraux ordinaires, la fixation de la quotité disponible entre époux à une part d'enfant ou à un usufruit de la totalité de la succession ».

La loi du 26 mars 1957, l'ordonnance du 23 décembre 1958, la loi du 13 juillet 1963 ont fait entrer dans le droit positif toutes ces suggestions.

Pour leur LVe Congrès à Bordeaux, en juin 1957, les notaires avaient mis à leur ordre du jour : la propriété immobilière moderne, le statut des immeubles en copropriété, les rôles respectifs de l'état descriptif et du règlement de copropriété, les pouvoirs du syndicat et du syndic, la répartition des charges : propositions qui ont été reprises en grande partie par la loi du 10 juillet 1965.

En 1966, le Congrès de Royan avait pour ordre du jour : « Le droit des sociétés au service de l'évolution des entreprises. » Il avait étudié les fusions et scissions de sociétés. L'un de ses vœux demandait : que la substitution de la société absorbante à la société absorbée comme débitrice n'emporte pas novation ; d'autres concernaient la néces-

Thèmes des derniers congrès nationaux

1952 : *L'intervention de l'Etat dans les contrats.*
1953 : *Le statut juridique de la femme mariée.*
1955 : *Les droits successoraux du conjoint survivant.*
1956 : *Le statut juridique de l'enfant.*
1957 : *Le notariat et la propriété immobilière moderne.*
1958 : *La femme mariée dans l'économie moderne.*
1959 : *Le statut de l'étranger et le Marché commun.*
1960 : *Les conflits de lois en matière de régimes matrimoniaux et de succession.*
1961 : *Structures juridiques et transmission de l'exploitation agricole.*
1962 : *Le statut juridique du fonds de commerce.*
1963 : *L'urbanisme dans la pratique notariale.*
1964 : *La formation du contrat dans la pratique notariale.*
1965 : *L'accession à la propriété dans le cadre de la construction moderne.*
1966 : *Le droit des sociétés au service de l'évolution des entreprises.*
1967 : *L'indivision.*
1968-1969 : *Le notaire et le traitement de l'information.*
1970 : *Théorie et pratique des droits civils.*
1971 : *Le droit successoral.*
1972 : *Le crédit hypothécaire dans l'économie.*
1973 : *Exploitation des entreprises agricoles, loi d'orientation.*
1974 : *Pratique du droit. Europe et Marché commun.*
1975 : *La dévolution successorale.*
1976 : *Pratique et évolution de la copropriété.*
1977 : *Droit fiscal et gestion des biens.*
1978 : *Le statut matrimonial des Français.*

sité de porter à la connaissance des actionnaires le rapport du commissaire aux apports, donnant des précisions sur les parités retenues...

La loi du 24 juillet 1966 et le décret du 23 mars 1967 contiennent des dispositions inspirées de ces vœux.

C'est une tâche d'intérêt général que la profession mène parfois contre son intérêt immédiat : ainsi la réforme des régimes matrimoniaux, qui a fait de la communauté réduite aux acquêts le régime légal, s'est accompagnée d'une diminution très sensible du nombre des contrats de mariage. Ainsi, le souhait de réformer les droits successoraux du conjoint survivant s'accompagnera-t-il d'une réduction du nombre de donations entre époux. Pour le notariat, l'intérêt du public passe avant celui de la profession, puisqu'il en est la raison d'être.

Si les travaux des Congrès des Notaires sont aussi bénéfiques et fructueux, c'est parce qu'ils sont l'aboutissement d'études rigoureuses conduites bien avant les congrès par des équipes de chercheurs de la profession et appuyés sur des enquêtes. Les « rapports » des congrès qui concrétisent le travail préalable sont des documents de haute qualité, font en général le point complet des questions étudiées (1), et servent de référence aux universitaires comme aux praticiens.

Coûts et tarifs

Le coût des prestations du notariat est une question qui ne doit pas être passée sous silence, car

(1) Exemple : La préparation du Congrès Europe et Marché commun 1974 a mobilisé 45 notaires pendant plus d'un an. Elle a donné lieu à la publication de 1 700 pages de rapports tirés en 5 000 exemplaires.

c'est le rapport qualité-prix qui doit être analysé d'une façon générale pour apprécier un service rendu. Or, les prix du notariat sont très mal connus de la clientèle, bien qu'ils fassent l'objet d'un tarif public.

Trois idées doivent être mises en évidence dans ce domaine :

— La rémunération des prestations notariales est presque exclusivement perçue sur les actes. Quand l'intervention du notaire aboutit à un acte, l'honoraire fixé par le tarif couvre « tous les soins et peines » relatifs à cet acte ; cependant, il est appelé de plus en plus à donner des conseils qui ne sont pas concrétisés par des actes : il a alors la possibilité d'être rémunéré exclusivement pour ces conseils après en avoir déterminé le coût d'accord avec son client (1).

— La rémunération des notaires est, pour la grande partie, constituée par des émoluments proportionnels dégressifs (2).

On critique beaucoup ce système de rémunération *ad valorem* lorsqu'il est appliqué par des professions qui peuvent agir sur l'assiette de la rémunération, comme c'est le cas pour les maîtres d'œuvre et les architectes, car il incite à un enchérissement de travaux ; l'Etat, dernièrement, a réformé les cahiers de clauses administratives de ses marchés de travaux publics pour éviter de tels abus. Le problème est différent pour le notariat qui traite sur des biens existants ; son tarif n'a pas alors l'effet inflationniste que l'on pourrait redouter.

Les émoluments proportionnels représentent près

(1) En application de l'article 4 du tarif.

(2) A titre d'exemple, le tarif de la vente d'immeubles au comptant simple est le suivant :

de 0 à 14 400	5,00 %
de 14 400 à 30 000	3,30 –
de 30 000 à 84 000	1,65 –
au-dessus	0,825 –

de 80 % des ressources de la profession ; ils sont fixés en fonction de la nature juridique des actes, par l'application d'un tarif qui n'est pas toujours très accessible aux non-initiés. Un même acte peut en effet réunir plusieurs prestations : vente et prêt dans le cas le plus simple ; pour bien « taxer » un acte et faire une application correcte du tarif, il faut au préalable procéder à son analyse juridique.

A côté des émoluments proportionnels, éléments essentiels de la rémunération, il faut mentionner quelques droits fixes (1) et le remboursement d'un certain nombre de frais (2).

— La rémunération des prestations notariales fait l'objet d'un tarif public pris par décret en Conseil d'Etat (3).

Comme tout tarif public, le tarif des notaires est obligatoire, cela signifie que le notaire ne peut pas demander plus que ne prévoit le tarif et qu'en cas de contestation, le client a la possibilité de faire contrôler sa facture en « demandant la taxe » à la Chambre départementale des Notaires ou au Tribunal.

Cela signifie également que le notaire ne peut pas demander moins que le tarif : les remises d'honoraire, dans les cas tout à fait exceptionnels où elles peuvent être justifiées, sont soumises à l'accord préalable de la Chambre départementale.

Le tarif des notaires réalise volontairement une péréquation des coûts, certaines prestations sont

(1) Testaments, donations entre époux, inventaires...

(2) Art. 33 du Tarif des Notaires : « Les notaires ont droit au remboursement des sommes dues à des tiers et payées par eux pour le compte de clients à l'occasion de leur activité professionnelle. »

Art. 34 du Tarif des Notaires : « Ils ont droit, en outre, au remboursement de leurs frais de déplacement et des frais exceptionnels exposés par eux à la demande expresse du client à l'occasion de l'élaboration et de la rédaction d'un acte ou de l'accomplissement des formalités prévues à l'article 30 ci-dessus. »

(3) Le tarif en vigueur a été pris par décret du 8 mars 1978, publié par *Journal officiel* du 10 mars 1978 (tirage à part nº 78-53).

tarifées très en dessous de leur prix de revient (ainsi en est-il du règlement des petites successions) ; d'autres, au contraire, sont taxées à un niveau élevé, comme c'est le cas pour certains actes de sociétés, dans le but de répartir les charges selon les revenus, mais dans des proportions telles que la rémunération moyenne corresponde le plus exactement possible à la vérité des coûts de l'activité moyenne d'un office.

Ce caractère quelque peu artificiel du tarif n'est pas sans inconvénient pour la profession : il pénalise les études dont la clientèle est modeste, et il est mal accepté par les clients qui font les frais de la péréquation.

Le tarif des notaires n'est pas exhaustif. Il prévoit les prestations les plus courantes (environ 150 cas d'intervention).

Lorsque la prestation ne figure pas au tarif, le notaire doit établir un devis sur lequel il prend l'accord préalable de son client. Cet accord préalable est exigé par l'article 4 du décret portant tarif (1).

Quel jugement peut-on formuler globalement sur le niveau des prix du notariat français ?

Le coût d'intervention du notariat français décroît régulièrement depuis quelques années. Il se situe à 0,95 % de la valeur des capitaux traités (2). Quelques points de comparaison peuvent être indiqués pour en apprécier le niveau :

— une comparaison d'ensemble avec le coût des prestations juridiques des pays anglo-saxons qui

(1) L'article 4 stipule : « Les notaires sont rémunérés pour les services rendus dans l'exercice des activités non prévues au titre II et compatibles avec la fonction notariale par des honoraires fixés d'un commun accord avec les parties ou, à défaut, par le juge chargé de la taxation ».

(2) En 1966, il se situait à 1,30 %. Il est passé à 1,10 % en 1971 et 0,98 % en 1973.

ne connaissent pas le notariat : le rapprochement fait ressortir que le service juridique est environ 30 % moins cher dans un pays de notariat ;

— En France même, quelques comparaisons ponctuelles peuvent être faites lorsque la même activité est exercée par les notaires et par d'autres professionnels. Dans ces cas, le notariat se situe très en dessous des prix pratiqués par les autres professions. On mesure ainsi l'avantage que procure au public la limitation du nombre des offices en réduisant les frais de fonctionnement de l'ensemble de la profession.

L'exemple de la négociation immobilière est le plus net. Pour une vente négociée à 350 000 F, l'agent immobilier prend une commission de 20 000 F, le notaire des émoluments de 11 250 F.

Pour leurs expertises immobilières, les notaires se font rémunérer sur une base qui se situe aux deux tiers environ du tarif des experts judiciaires.

Malgré ces avantages, il faut bien reconnaître que le public mal informé a, la plupart du temps, l'impression que le recours au notaire est particulièrement onéreux. Plusieurs éléments concourent à cela : statutairement, les notaires ne peuvent faire l'avance de frais et doivent donc dès les premiers rendez-vous réclamer le versement d'une provision dont le détail serait difficile à donner puisqu'il s'agit d'une simple évaluation.

La clientèle se voit donc réclamer une somme non expliquée qu'elle pense attribuer uniquement aux honoraires du notaire, en oubliant qu'elle englobe surtout (à 80 %) les impôts perçus pour le compte de l'Etat et les remboursements de frais. De plus, au règlement de l'affaire, la note du notaire n'est pas toujours d'une clarté suffisante.

Cette confusion devrait cesser car le nouveau tarif des notaires prévoit que, lors de tout apurement de compte, le notaire fournira désormais un compte détaillé (1). Mais l'inconvénient des versements préalables de provisions persistera ; c'est d'autant plus regrettable et difficile à expliquer que le notaire est amené, lors de sa nomination, à faire un apport en capital de la valeur de son office et qu'on s'explique mal que cet apport de capital ne couvre pas également la trésorerie nécessaire au fonctionnement.

Notons que souvent le notaire paraît cher parce que le client utilise mal ses services : certains clients en effet demandent uniquement au notaire de rédiger leur acte sans faire appel à ses conseils gratuits, conseils qu'ils vont chercher ailleurs retardant ainsi le règlement de l'affaire.

Le tarif du notaire fait l'objet de révisions permanentes à intervalles variables ; tarif *ad valorem*, il échappe en partie aux conséquences de l'érosion monétaire qui accentue cependant sa dégressivité. Ces révisions étaient faites jusqu'ici sur des bases empiriques, la dernière réforme du tarif a donné lieu à l'élaboration d'une formule de révision qui permettra désormais une réactualisation, sinon automatique, du moins calculée rationnellement.

Synthèse : quelques chiffres. — Il n'est pas inutile de clore ce chapitre consacré à l'activité notariale

(1) Art. 7. — Lors de tout apurement de compte, les notaires sont tenus de remettre aux parties, même si celles-ci ne le requièrent pas, un compte détaillé faisant ressortir distinctement par acte et séparément des autres opérations comptables :

1° Les droits de toute nature payés au Trésor sans préjudice des dispositions de l'article 863 du Code général des Impôts ;
2° Les déboursés ;
3° Les émoluments, avec référence au tarif ;
4° Les émoluments de négociation ;
5° Les honoraires demandés au titre de l'article 4.

en donnant quelques chiffres qui permettent d'en mesurer le volume.

Certes, une partie seulement de l'activité notariale peut être chiffrée : celle qui aboutit à des actes ou s'y rattache directement ; par contre, on ne peut évaluer l'activité de conseil et encore moins apprécier par des chiffres l'appui que fournit la profession à l'Administration.

La production notariale est en moyenne de 4 000 000 d'actes par an (1) dont 1 600 000 sont des actes en brevets, c'est-à-dire généralement de simples procurations, et 2 400 000 sont des minutes, c'est-à-dire des contrats synallagmatiques parmi lesquels environ 1 000 000 sont des actes de ventes immobilières et 750 000 des constitutions de prêts hypothécaires.

Les notaires français règlent chaque année 250 à 300 000 successions et passent plus de 50 000 contrats de mariage (2).

Ils réalisent 20 millions de formalités administratives.

Les prêts de particulier à particulier, négociés chaque année par les notaires, peuvent être évalués en moyenne à 3 milliards de francs, et les droits de succession perçus pour le compte de l'Etat à 3,5 milliards.

Le volume total des capitaux traités par la profession se situe en moyenne annuelle à 350 milliards de francs.

Le notariat assure l'archivage de plusieurs centaines de millions d'actes, dont les plus anciens sont des références historiques incomparables et les plus

(1) Ce chiffre peut être rapproché du nombre des jugements rendus par l'ensemble des tribunaux de l'ordre judiciaire, soit 700 000.

(2) Depuis que le régime matrimonial légal a été adapté aux besoins par la réforme de 1965, 9 mariages sur 10 se font sans contrat, alors qu'il y a moins d'un siècle, la proportion était de 6 sur 10.

récents des moyens de preuves mis à l'abri de toute destruction.

Après avoir présenté le tableau des activités du notariat, et tenté de mesurer son rôle économique et social, il convient de s'interroger sur ceux qui mènent cette activité, leur origine, leur formation et les structures dans lesquelles ils œuvrent.

Si les résultats comptent au premier chef, il n'est pas superflu en effet de connaître les moyens mis en œuvre : la qualité des résultats dépend toujours très étroitement de la valeur des moyens et des méthodes.

Notre étude se poursuivra donc par le tableau des hommes et des structures pour s'achever ensuite par la description du statut.

CHAPITRE III

LES HOMMES

La France compte 6 500 notaires. Ce nombre paraît faible si on le compare aux effectifs d'autres professions juridiques et notamment à ceux des avocats, deux fois plus nombreux (1). Il n'a de signification que si l'on ajoute aussitôt que les notaires emploient dans leurs offices près de 40 000 personnes, dont près de 4 000 cadres supérieurs ayant à peu près les mêmes compétences techniques. C'est d'ailleurs une évolution récente qui a conduit à cette répartition, car, à la fin du XIXe siècle, on comptait près de 9 000 notaires, mais un très petit nombre de cadres. Donc on ne peut actuellement parler des notaires en faisant abstraction de leur personnel.

Les notaires

Qui sont ces notaires ? Il est difficile d'en faire le portrait. Si la littérature du siècle dernier a fourni du notaire un stéréotype suffisamment bien campé pour qu'il soit gravé dans les esprits, il est bien malaisé actuellement de définir les notaires sous un

(1) 12 000 avocats, 5 100 magistrats et 4 876 greffiers.

profil unique tant il y a de diversité dans les origines, les âges, les conditions de travail.

Le notaire moyen a 45 ans, il est entré dans la profession à 22 ans, il a été nommé notaire à 34 ans, il a appris son métier sur le tas, il passe 550 actes par an, son office vaut 400 000 F. Mais ce notaire moyen n'existe que dans les séries statistiques, la réalité est plus complexe.

Sur le plan social, après avoir été l'apanage du milieu bourgeois, la profession s'est très largement ouverte sur l'extérieur. Certes, il existe encore des dynasties de notaires, soit de père en fils, soit de beau-père à gendre, mais la proportion actuelle qui est de 20 % n'est guère plus élevée que dans les autres professions où l'atavisme, la facilité, l'esprit filial poussent le fils dans la voie du père. C'est surtout au cours des dix dernières années, à la faveur de l'expansion du notariat par l'essor économique, qu'un sang nouveau a pénétré la profession. Sur les 6 500 notaires en activité au 1er janvier 1978, 3 000 ont pris leurs fonctions il y a moins de dix ans.

Le notariat qui a commencé à admettre les femmes à partir de 1948 (1) ne leur a pas encore fait une grande place : il a fallu attendre 1977 pour voir la première femme entrer dans la Compagnie des Notaires de Paris, et, en 1978, il n'y avait encore que 110 femmes notaires en France.

Le notaire est essentiellement un homme de formation juridique, bien que la profession compte quelques membres de formation scientifique (le notariat aussi a ses polytechniciens) et commerciale.

C'est un juriste de droit privé qui a poussé très loin l'analyse des mécanismes du droit civil.

Le notaire a un esprit d'analyse plus que de syn-

(1) Loi du 20 mars 1948, art. 1.

thèse ; c'est un homme de bon sens et de raison plus que d'imagination. Sa prudence est légendaire.

Il reste, dans les milieux ruraux et les petites villes, un « notable ». 25 % des notaires, en dehors des grandes villes, ont des fonctions électives (1). Par contre, la dépersonnalisation des suffrages consécutive au développement du rôle des partis a fait perdre beaucoup de place aux notaires dans les mandats nationaux : eux qui étaient autrefois assez largement représentés au Parlement, s'y trouvent actuellement en très petit nombre (2).

Si tous les notaires ont le même statut et sont soumis à la même déontologie, il n'en existe pas moins de profondes disparités dans les activités et les niveaux de revenus des membres de la même profession. Le Centre d'Etudes des Revenus et Coûts (CERC) a noté que 150 notaires font partie des plus gros contribuables français en omettant de signaler que les notaires appartiennent à la catégorie de contribuables dont les revenus sont officiellement constatés. A l'inverse, 300 notaires ont un produit brut annuel inférieur à 60 000 F, revenu cumulé du capital qu'ils ont dû investir dans leur office et de leur travail (3).

Il y a en effet beaucoup de disparités dans le notariat, et on est loin de la condition napoléonienne d'un notaire par canton dans lequel les notaires étaient aussi semblables entre eux que l'étaient les nouvelles circonscriptions territoriales.

Le fossé s'est creusé entre le notariat des diverses régions, la dépopulation et le manque de ressources

(1) 400 conseillers municipaux, 86 conseillers généraux, 194 maires.

(2) Dans le Parlement élu en 1977, on compte 3 notaires députés et 4 sénateurs.

(3) On admet généralement que les produits nets d'un office assurent pour 30 % la rémunération d'un travail du notaire, et pour 70 % la rémunération du capital qu'il a investi dans l'office.

ainsi que la centralisation des activités de pointe ont bien souvent eu des répercussions très profondes au niveau de l'activité des études : certaines ont participé à l'essor économique de la décade 60-70 plus que d'autres.

Le notaire, dans les zones rurales, est souvent le seul juriste demeuré sur place — et c'est tout à la gloire de la profession à un moment où l'Administration elle-même ferme ses derniers guichets au nom de la rentabilité des services publics. Il doit répondre à toutes les questions de la population locale et assurer un service de généraliste du droit de plus en plus difficile et mal rémunéré, si ce n'est par la considération de ses compatriotes.

Le notaire des zones urbaines, pour faire face à ses besoins juridiques en expansion, a transformé son office en spécialisant son personnel et en rationalisant ses méthodes de travail. Il perd néanmoins contact avec une clientèle qui ne peut obtenir auprès de lui l'intégralité des prestations juridiques.

Le notariat parisien occupe une place parfois enviée par son passé (1) et par sa position privilégiée près de l'Administration centrale et des sièges sociaux des grandes entreprises et établissements financiers. Cette position lui donne des moyens d'action exceptionnels qui trouvent leur contrepartie dans des charges particulièrement lourdes consacrées aux organismes professionnels, et dans une nécessaire mobilisation permanente de ses hommes.

A l'intérieur de chaque zone rurale ou urbaine, parisienne ou provinciale, on trouve enfin les dis-

(1) Les notaires deParis ont été installés au Châtelet par Saint Louis en 1270, ils ont servi de modèle à la province lorsque Philippe le Bel étendit l'institution. Ils ont l'originalité d'un uniforme : le « costume de notaire » (culotte à la française, habit, bicorne) se porte dans les cérémonies officielles et lors de la prestation de serment.

parités provenant de l'importance de la clientèle acquise au cours des générations précédentes et de celle que le renom du titulaire actuel amène à l'office.

La Compagnie de Paris elle-même groupe des offices de plus de 50 salariés et des offices dont le notaire est le seul artisan. C'est à cette diversité que se mesure le caractère libéral de la profession.

Les clercs et employés

Avec 40 000 salariés, dont un cinquième en région parisienne, le notariat est la douzième entreprise française pour l'importance des effectifs.

Quels sont ces employés du notariat dont on entend si peu parler ?

Quelques caissiers comptables, du personnel de secrétariat et des clercs qui constituent l'élément prépondérant (1). Une population en majorité féminine (2) essentiellement formée au sein de la profession et dont une bonne proportion fait carrière.

C'est sur les clercs, c'est-à-dire de l'élément producteur, que reposent les activités de l'office : sous le même vocable de « clerc de notaire », qui a, dans le public, une résonance un peu désuète, on confond généralement toute la gamme des compétences et des fonctions, depuis le clerc débutant jusqu'au clerc cadre, en passant par la grande masse des clercs techniciens.

En bas de l'échelle se trouvent les apprentis ayant tout au plus une formation secondaire, qui apprennent leur métier sur le tas, et s'ils ont la chance d'être à proximité d'un centre de formation, peuvent bénéficier de l'enseignement pratique d'une Ecole de Notariat et parvenir au diplôme de premier clerc.

(1) 12 % de comptables, 23 % de secrétaires, 48 % de clercs, 17 % d'employés sans qualification.

(2) Le personnel des offices comporte 65 % de femmes.

Parmi les cadres, on trouve tout à la fois ceux qui sont sortis du rang, ont fait leurs preuves, et le plus souvent sanctionné leurs connaissances par l'examen de notaire ancien régime (1), et ceux qui, sortis de l'Université de Droit, se sont initiés à la pratique notariale tout en achevant leurs études juridiques, par une spécialisation de droit privé.

Dans les petits offices, le clerc doit traiter simultanément tous les problèmes, mais dès que le nombre de clercs le permet, une spécialisation élémentaire se réalise qui confie aux uns le règlement des successions, aux autres le traitement des autres actes dits actes courants.

Au sommet de l'échelle, le principal clerc, titre fonctionnel qui désigne le collaborateur direct du notaire, est celui qui joue un peu le rôle de coordonnateur dans la petite unité de production que constitue l'office moyen. Cette fonction tend d'ailleurs à disparaître avec le développement des sociétés civiles professionnelles où les notaires associés se répartissent généralement les tâches de coordination et de contrôle.

Dans les études d'une certaine importance, les clercs de bon niveau, surtout lorsqu'ils ont passé l'examen de notaire ou acquis le diplôme de notaire, ont des fonctions qui diffèrent très peu de celles du notaire : ils reçoivent la clientèle et sont « habilités » (2) à recueillir la signature des clients. Un clerc sur dix est un futur notaire.

La population des secrétaires est, elle aussi, diverse. On y trouve la simple sténo-dactylo et la secrétaire notariale à laquelle le clerc laisse des initiatives plus ou moins grandes pour la préparation des actes simples ; c'est ainsi que les meilleurs éléments du secrétariat ont la possibilité de devenir clercs.

Le notariat est encore l'une des professions où la promotion sociale a une part importante : 25 % environ des personnes qui entrent dans la profession

(1) C'est-à-dire tel qu'il existait dans la réglementation antérieure à 1973.

(2) Un décret du 26 novembre 1978 permet aux notaires de faire habiliter leurs clercs à recevoir la signature des contrats par les clients sous leur responsabilité.

en qualité de secrétaires parviennent au bout de cinq ou six ans à la cléricature avec l'aide des cours par correspondance, ou l'appui des stages de la formation professionnelle continue.

A côté des clercs et du personnel de secrétariat, les employés de la caisse ont une place qui ne saurait être négligée. Cette place est en proportion de l'importance des fonds détenus ou déposés par le notaire pour le compte d'autrui, c'est-à-dire pour le compte de l'Etat ou pour celui de sa clientèle.

Choisis autant pour leur intégrité que pour leur connaissance professionnelle, les comptables du notariat sont, pour la plupart, formés sur le tas. Mais l'adoption, par la profession, de la comptabilité en partie double et d'un plan comptable conforme au plan comptable national enlève beaucoup de spécificité à la comptabilité des offices et tend peu à peu à ouvrir la profession à des comptables déjà formés dans l'industrie (1).

Avec le personnel ayant une qualification professionnelle, les études emploient aussi du personnel sans qualification, notamment des employés aux écritures, pour les services de formalités. Rares sont aussi les études qui n'ont pas leur « petit clerc » (courrier, saute-ruisseau...) chargé des démarches et de la transmission des dossiers à l'Administration.

Les salaires de la profession sont mal connus ; les qualifications ne sont pas homogènes et l'écart est parfois important entre les salaires minimaux de la Convention collective et les salaires réels. Les salaires de clercs débutants sont ceux du marché du travail des licenciés en droit. En fin de carrière, les

(1) La normalisation comptable préparée par la profession dès 1970 a été officialisée par un arrêté ministériel du 2 janvier 1978 (*JO*, 8 février 1978, p. 103).

cadres de valeur ont des niveaux de rémunération élevés et bénéficient généralement d'un intéressement de fait.

Le régime social

Le régime social des salariés du notariat nécessite quelques développements :

Le notariat s'est révélé à l'avant-garde du progrès social par l'institution d'une Caisse de Retraite et de Prévoyance qui donne aux salariés depuis 1937 à la fois la Sécurité sociale et la retraite complémentaire, et par la signature d'une convention collective dont les dispositions, sur bien des points, sont particulièrement favorables au personnel.

La Caisse de Retraite et de Prévoyance des Clercs et Employés du Notariat (CRPCEN) constitue avec quelques autres (1) une des exceptions au régime général de la Sécurité sociale, et l'un des régimes autonomes les mieux organisés et le plus florissant, suscitant à ce titre la convoitise de la Caisse nationale prête à faire jouer la péréquation.

— La CRPCEN est financée à la fois par des cotisations sur les salaires qui ne sont pas plafonnés (taux global de 22 % dont 9,9 % de cotisation salarié), et par des cotisations sur les émoluments proportionnels (au taux de 3 %), c'est-à-dire sur les produits bruts des offices. Sans doute, sur ce point encore, est-elle en avance sur le régime général puisqu'il est envisagé de ne plus asseoir les cotisations sociales seulement sur les salaires afin de ne pas pénaliser les entreprises créatrices d'emplois.

— La deuxième particularité du régime social du notariat est la fusion de la gestion des risques maladie et vieillesse par une caisse unique : des cotisations communes et des prestations accordées à tout le personnel sans distinction de statut. La CRPCEN joue, en effet, simultanément le rôle d'une Caisse de Sécurité sociale ordinaire, d'une Caisse de Mutuelle et d'une Caisse de Retraite complémentaire. En tant que Caisse

(1) Personnel de l'EDF, Charbonnages, RATP-SNCF, Marine marchande, Banque de France.

de Sécurité sociale, elle couvre les risques maladie avec des normes analogues à celles du régime général pour l'indemnisation des prestations médicales et pharmaceutiques, et avec des avantages plus larges pour l'indemnisation des absences pour maladie.

En tant que mutuelle, la CRPCEN assure le remboursement des frais médicaux à 90 % sans qu'il soit besoin de formalités supplémentaires.

En tant que Caisse de Retraite complémentaire, elle accorde indistinctement des prestations vieillesse équivalant à la retraite du régime « cadre », c'est-à-dire une retraite calculée sur la base du salaire moyen des 10 meilleures années du salarié au taux de 2 % par année d'activité (1).

On comprend, dès lors, que la distinction cadre - non cadre qui est si marquée dans les entreprises, soit tout à fait secondaire dans le notariat puisqu'elle n'a pratiquement aucune répercussion sur le régime social : tous les salariés étant des mensuels bénéficiant des mêmes régimes de retraite.

La CRPCEN est dirigée par un Conseil d'Administration paritaire. Elle gère quelques œuvres sociales, maisons familiales, colonies de vacances.

Les notaires ont un régime social indépendant de celui de leur personnel, car ils n'ont pas voulu en 1937 lier sur ce point leurs intérêts à ceux de leur personnel, cela n'est pas sans poser des problèmes, puisque tout naturellement il y a passage d'un régime à l'autre, le futur notaire étant affilié à la CRPCEN pendant tout le temps de son stage.

Les notaires ont un régime d'assurance maladie qui comporte à la base le régime obligatoire des travailleurs non salariés pour lequel ils sont affiliés à la Caisse mutuelle des Professions libérales ; en complément, une assurance collective souscrite par le Conseil supérieur auprès de la Mutuelle générale française Accident. Ils bénéficient d'une assurance incapacité de travail servant des indemnités journalières, par une police d'assurance collective, souscrite par le Conseil supérieur. La couverture de leurs risques invalidité-décès est également assurée par une assurance de groupe.

(1) Plafonné à 7 fois le plafond du régime général de Sécurité sociale et retenu pour moitié pour la partie comprise entre 3 fois et 7 fois le plafond du régime général.

Enfin, les retraites sont couvertes par une cotisation à la Caisse de Retraite des Notaires qui offre un régime de retraite de base obligatoire et une pension complémentaire assez proche de celui des cadres salariés avec, notamment, possibilité de rachat de points.

La Convention collective du Notariat, qui a été signée en 1955 et renouvelée pour la dernière fois en 1975, présente des avantages substantiels pour les salariés, notamment en ce qui concerne le maintien du salaire dans l'hypothèse d'absence pour maladie.

Le personnel est peu syndiqué, car les offices sont de petites unités de travail et que le phénomène syndical est mal ressenti par un patronat de tempérament assez paternaliste.

L'action syndicale est imperceptible au niveau des offices où les organismes de représentation du personnel fonctionnent rarement, mais les syndicats jouent leur rôle au niveau national pour la désignation des représentants du personnel dans les structures paritaires : Caisses de Retraite, Comités mixtes, Organismes de Formation professionnelle et dans les négociations salariales où ils ont tout le poids que leur donne la représentation de 40 000 salariés.

Le Syndicat général des Clercs affilié à Force ouvrière est très largement majoritaire. Le syndicat parisien des clercs et employés de notaires, affilié à la CFDT ne représente guère que 20 % des effectifs de la profession. La CGT n'a pratiquement pas d'adhérents.

Après avoir évoqué successivement les notaires et le personnel qu'ils emploient, il convient de situer la nature des rapports entre les uns et les autres. Pour les caractériser, on peut dire qu'ils sont à la fois plus étroits et plus distants que ceux qui s'établissent d'une façon générale entre employeurs et salariés.

Plus étroits d'abord, parce que les clercs d'un haut niveau sont des collaborateurs directs du notaire dont ils partagent l'activité, et dont ils sont parfois des associés en puissance. Plus étroits également parce qu'ils sont, en tout état de cause, très directement concernés par les résultats de l'office, à la fois pour la sécurité de leur emploi et par un intéressement de fait.

Mais à l'inverse, il n'est pas moins vrai de dire qu'il y a souvent plus de distance entre le notaire et son personnel qu'entre un autre employeur et ses salariés, car le notaire n'est pas seulement le patron, il est aussi l'actionnaire et le responsable.

La formation professionnelle

La formation professionnelle des notaires et de leur personnel a toujours été acquise en grande partie par la pratique, et transmise par un apprentissage sur le tas. Dans certains centres urbains, cette formation pratique pouvait être complétée par un enseignement dispensé par les Ecoles de Notariat nées d'initiatives privées ou organisées par les conseils régionaux des notaires, et subventionnées par eux.

Le notariat est encore la profession libérale où la durée des stages est la plus longue. Alors qu'un avocat exerce sa profession dès l'inscription au barreau en qualité d'avocat stagiaire, le notaire ne peut être nommé qu'après avoir effectué un stage continu dans un office, stage de quatre ans au moins dans les textes et de six ans en moyenne dans les faits. C'est-à-dire que pendant tout le temps du stage, il exerce la profession sous le contrôle et la responsabilité du notaire chez lequel il effectue son stage.

Mais le stage n'est qu'une étape de la formation, deux examens sanctionnent l'acquisition des compétences nécessaires à l'exercice de la profession :

— l'examen de premier clerc qui marque l'apprentissage du métier de clerc de notaire ;
— l'examen de notaire qui permet d'apprécier les connaissances et les aptitudes nécessaires à l'exercice du métier de notaire.

Ces deux examens étaient traditionnellement passés devant des jurys exclusivement formés de membres de la profession : les futurs notaires étant jugés par leurs pairs.

Un décret de 1973 a remanié assez profondément à la fois l'appareil de la formation professionnelle notariale et les conditions d'accès au notariat, en exigeant des notaires le diplôme universitaire de la licence en droit (aujourd'hui maîtrise), et en organisant un enseignement professionnel sous contrôle de la Chancellerie et avec la participation des Universités.

Désormais, pour être notaire, il faut au préalable avoir une maîtrise en droit et on ne peut plus dire, comme on le prétendait jadis, qu'à ceux qui n'ont pas fait d'étude, il reste la possibilité d'en acquérir une.

Cette maîtrise en droit sera de préférence une maîtrise à option notariale, puisque depuis quelques années l'Université opère une certaine spécialisation au niveau même de l'ancienne licence.

L'enseignement spécifique, c'est-à-dire la préparation aux examens professionnels, est organisé par deux séries d'écoles (voir schéma ci-contre).

— L'Ecole de Notariat qui prépare en quatre ans l'examen de premier clerc avec un premier cycle de deux ans de scolarité à temps plein, et un deuxième cycle de deux ans d'enseignement à temps partiel qui est effectué simultanément avec un stage en office (voir tableau 1).

L'examen de premier clerc peut également être obtenu par le biais d'une formation en Université (IUT) et après un stage de deux ans. En fait cette deuxième voie est peu pratiquée.

— Le Centre national de Formation notariale qui prépare les candidats notaires par deux filières (voir le tableau 2).

— Une filière purement universitaire dans laquelle les candidats passent d'abord un doctorat en droit spécialisé : le Diplôme d'Etudes supérieures spécialisé notariat (DESSN), puis accomplissent simultanément à un stage en office quatre semestrialités d'études professionnelles santionnées par quatre séries d'examen, un oral et la présentation d'un mémoire. Cette filière conduit au « diplôme de notaire », véritable diplôme universitaire.

— La deuxième filière est de nature mixte : les candidats notaires sont placés en office dès qu'ils sont titulaires de la maîtrise en droit et accomplissent trois années d'études professionnelles sanctionnées par l'acquisition de trois unités de valeur. Cette filière conduit à l'examen de notaire.

Les programmes de formation sont définis par arrêté ministériel. Le conseil d'administration des écoles est présidé par de hauts magistrats.

Les jurys d'examens ont une composition tripartite : professeurs de Facultés, magistrats, notaires.

Chaque année la profession forme ainsi plus de 1 000 stagiaires, dont plus de 500 aux fonctions de notaire. Le notariat ne connaît pas de difficulté de recrutement : le nombre des candidats est suffisant pour permettre une bonne sélection, puisqu'il n'y a guère que 300 notaires qui sont nommés chaque année.

Le décret de 1973 a également prévu une ouverture du notariat à d'autres professions : désormais, d'anciens magistrats, des professeurs de droit,

TABLEAU 1

Filières de recrutement et de formation des clercs

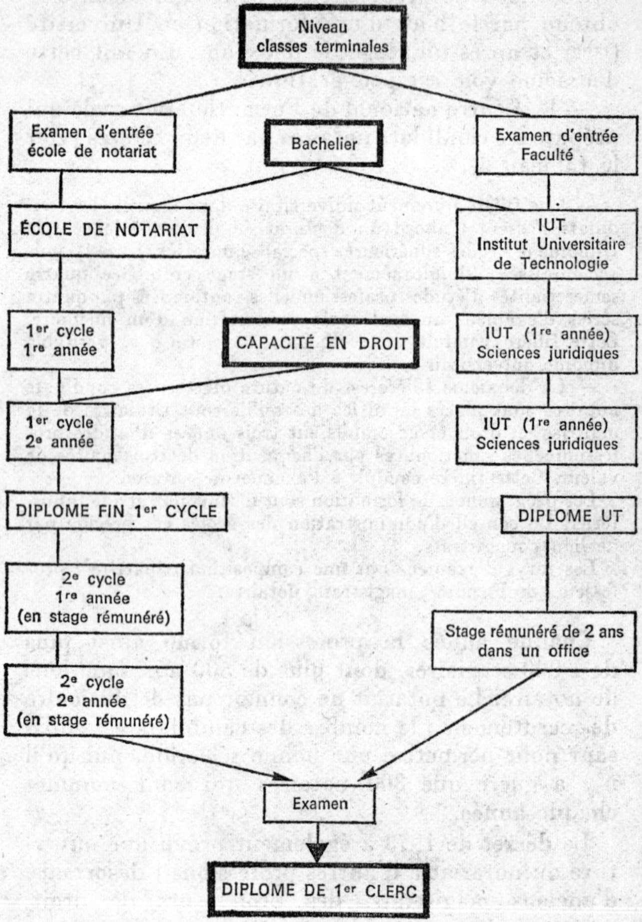

TABLEAU 2

Filières de recrutement et de formation des notaires
Centre national de Formation notariale

MAITRISE EN DROIT

Voie universitaire	Voie professionnelle
DESSN Diplôme d'Etudes supérieures spécialisé notarial (1 an)	STAGE EN OFFICE durée minimum 3 ans et Préparation de l'examen de notaire en 3 examens annuels ou *Unités de Valeur*
Stage rémunéré en office durée minimum : 2 ans 1/2 et préparation du diplôme en *4 examens semestriels* 1. Actes courants 2. Successions 3. Sociétés 4. Construction en rural	1re UV Actes courants, Droit rural, Construction 2e UV Régimes matrimoniaux, Successions 3e UV Sociétés commerciales, Fiscalité, comptabilité
Soutenance d'un *mémoire*	Grand oral
DIPLOME SUPÉRIEUR DE NOTARIAT	EXAMEN D'APTITUDE AUX FONCTIONS DE NOTAIRE

Une troisième voie est également prévue pour permettre la promotion sociale d'éléments de valeur qui n'ont pu acquérir des diplômes universitaires avant l'accès à la profession. Elle est réservée aux clercs ayant le diplôme de premier clerc, douze ans d'ancienneté professionnelle, dont six en qualité de principal ou sous-principal, et ayant subi avec succès un examen de contrôle des connaissances.

d'anciens avocats et conseils juridiques peuvent accéder à la profession. Une certaine liberté à cet égard est laissée à la Chancellerie, pour apprécier si les candidats de ce tour extérieur sont ou non astreints à la passation d'un examen.

A cette organisation de l'enseignement de base s'ajoute l'enseignement organisé dans le cadre de la formation professionnelle continue, en application de la loi de 1971.

Deux mille études sont assujetties, en effet, à la taxe sur la formation professionnelle continue qui a été mise en œuvre sur un plan collectif dans le cadre juridique d'un fonds d'assurance formation : le FAFTIS (Fond d'Assurance Formation des Travailleurs salariés).

Un réseau de dix centres régionaux de formation continue couvre l'ensemble du territoire offrant au personnel des études, des stages de formation professionnelle et des stages de formation générale qui complètent l'enseignement de base.

Pour cet enseignement, la profession a développé des moyens pédagogiques audio-visuels : films de sensibilisation, et cassettes de synthèse d'actualité juridique.

L'effort du notariat pour obtenir un bon niveau de compétence professionnelle à l'embauche et pour le recyclage de son personnel est considérable.

Le Conseil supérieur subventionne les offices pour favoriser l'embauche de clercs ayant une maîtrise en droit en prenant pratiquement en charge un semestre de salaire.

Les Chambres financent tout l'appareil de formation, y compris celui qui est animé par l'Université.

Les offices acquittent la taxe à la formation professionnelle continue dans le cadre de la loi de 1971, et contribuent en nature par l'accueil des stagiaires.

L'ensemble de ces efforts se traduit par des dépenses annuelles de l'ordre de 30 millions de francs, et par des milliers d'heures consacrées par les notaires et les cadres de la profession aux tâches d'enseignement.

C'est un exemple qui n'a pas d'égal dans les autres professions juridiques et qui est un gage de qualité.

Chapitre IV

LES STRUCTURES

Réseau des offices

Nombre et implantation. — Il y a 5 500 offices de notaires en France métropolitaine (1). Si l'on exclut les offices de la capitale, la moyenne est de 58 offices par département. Trois mille offices sont situés dans des communes de moins de 5 000 habitants.

Le notariat a réussi ainsi à maintenir à travers les siècles une « présence juridique » sur tout le territoire, ce qui est devenu tout à fait remarquable à une époque où les services du secteur tertiaire se concentrent dans les milieux urbains.

La répartition territoriale des offices met en relief le parallélisme assez rigoureux entre la concentration du notariat et celle de la population.

L'implantation et le nombre des offices sont adaptés au besoin du public par une constante évaluation de ses besoins et par l'élaboration d'un plan de restructuration périodiquement ajusté au réel.

(1) Chiffre qui peut être comparé au nombre de bureaux de banques : 19 000, celui des bureaux de poste : 18 000, des cabinets d'avocats : 9 000, des tribunaux de toutes juridictions : 1 200.

La profession assume seule la charge de cette maintenance du service juridique, en proposant à la Chancellerie les mesures à prendre et en les finançant. A une époque où chacun s'en remet à l'Etat des difficultés que rencontre sa profession, c'est un fait qui mérite d'être souligné.

Il s'agit tantôt de subventionner des offices non rentables, mais cependant utiles au public, tantôt de supprimer des offices en astreignant les notaires voisins à les racheter, tantôt de favoriser des fusions d'offices, tantôt, à l'inverse, de créer des offices nouveaux dans des zones en expansion. Dans les dix dernières années, 600 offices non viables ont été supprimés ; parallèlement, dans les villes en expansion, 225 offices ont été créés, et, sur proposition du Conseil supérieur du Notariat, la Chancellerie a autorisé la création de bureaux annexes pour que la profession reste présente partout où la population en éprouve le besoin.

Cette restructuration est faite aux frais du notariat. C'est à ce prix que la profession assure une présence efficace et, selon une expression qui lui est chère, réalise un véritable quadrillage juridique du territoire.

L'implantation des offices commande la compétence territoriale d'instrumentation des notaires.

Le notaire dont l'office est situé dans la commune où siège la cour d'appel peut instrumenter sur tout le territoire de la cour d'appel. Mais en général, le notaire ne peut instrumenter que sur l'étendue du département où il a son office, et s'il se trouve en bordure du département, sur le territoire du canton limitrophe, même s'il est situé dans un autre département.

Bien que la portée de la compétence territoriale des notaires soit réduite à l'instrumentation, c'est-à-dire à la détermination du lieu où ils peuvent signer les actes et recueillir la signature de leurs clients, et bien que les notaires soient libres de faire des actes quel que soit le domicile des parties, le siège social des sociétés ou l'implantation des immeubles sujets ou objets des actes, les règles actuelles de compétence provoquent des disparités dont la raison d'être n'est guère qu'une survivance historique.

Des projets dans le sens d'un élargissement ont déjà été faits, et une uniformisation de la compétence territoriale est souhaitée par beaucoup.

La nomenclature des offices notariaux figure dans deux documents de synthèse : l'*Annuaire de la Magistrature* qui en reprend la liste avec celle des professions judiciaires et un annuaire propre au notariat qui est régulièrement publié depuis 1975 (1).

Les offices sont signalés à l'attention du public par un panonceau (2) qui reproduit le sceau de l'Etat. Dans les petits bourgs, le panonceau attire suffisamment l'attention sur l'office ; dans les villes, il se perd au milieu des enseignes commerciales. Les notaires se refusent, néanmoins, à attirer davantage l'attention du public. Certaines compagnies sont d'ailleurs encore plus strictes à cet égard : les notaires de Paris s'interdisent notamment de faire figurer leurs noms à la porte de leurs études.

L'implantation des études conditionne dans une large mesure leur activité, puisque le notaire ne peut procéder au démarchage de clientèle. Elle commande donc à la fois la nature de l'activité et son volume.

(1) *Annuaire des Professions judiciaires*, Ed. Librairie du Journal des Notaires et des Avocats, 6, rue Mézières, Paris (6e) ; *Annuaire officiel du Notariat*, Ed. Publi team Elysées, 34, Champs-Elysées, 75008 Paris.

(2) Voir origines p. 16.

Dimensions. — Les offices sont de taille très variable. On les mesure généralement en termes de moyens, c'est-à-dire au nombre de salariés qu'ils emploient : la gamme va de 0 à 200 personnes, et en termes de résultats, c'est-à-dire au nombre d'actes : la gamme va alors de quelques dizaines d'actes à plusieurs milliers.

Il n'y a pas de normes imposées, ni pour fixer les structures minimales en deçà desquelles la qualité du service risque d'être insuffisante, ni pour fixer des dimensions maximales au-delà desquelles l'exercice de la profession serait trop dépersonnalisé.

Une politique de normalisation des structures n'est possible qu'en milieu urbain. Certains préconisent alors une dimension optimale d'office notarial qui tournerait autour de 20 à 30 salariés dirigés par deux ou trois notaires et réalisant 2 à 3 000 actes par an.

De tels effectifs permettent en effet une certaine spécialisation des notaires et la mise en place de services bien structurés.

Malgré un effort réel, notamment dans les grandes villes, les offices de notaires sont souvent mal logés, et la profession n'a pas fait les investissements suffisants pour améliorer les installations matérielles. On trouve encore beaucoup d'intérieurs balsaciens. Peut-être ceci est-il un peu dû au fait que la profession se préoccupe davantage de la qualité du service qu'elle rend que de son habillage ; c'est sans doute aussi pour une raison fiscale : les notaires n'ont pas la possibilité — comme les entreprises industrielles et commerciales — de faire figurer dans leur comptabilité des provisions pour travaux.

Organisation. Fonctionnement. — L'organisation interne des offices marque la prédominance des services de production des actes.

D'une façon générale, on y trouve des clercs rédacteurs d'actes, un service de comptabilité-caisse, et un service de formalités. Plus les offices sont importants, plus la différenciation des services de production s'accentue :

— dans un office moyen, les clercs chargés du règlement des successions sont isolés de ceux qui traitent les autres actes, car il y a une différence fondamentale dans les méthodes de travail entre le règlement d'une succession qui s'échelonne sur plusieurs mois et la préparation d'un acte « courant » selon la terminologie habituelle, qui doit être préparé dans un délai relativement bref ;
— dans les offices plus importants, le service des actes courants se diversifie à son tour en cellules spécialisées (clercs aux sociétés, clercs aux opérations de construction...), de même les activités qui mettent en œuvre des techniques non exclusivement juridiques : service d'expertise, service de négociation de prêts hypothécaires, service de négociation immobilière... font l'objet de services distincts. Le chef du service de comptabilité est très souvent chargé de tous les problèmes de logistique, qu'il s'agisse de la gestion courante du personnel, de l'approvisionnement et de la gestion des stocks et des équipements.

Malgré beaucoup de recherches et des efforts de normalisation, la méthode de confection des actes n'a pas accompli de progrès considérables. L'informatique, qui a rendu de grands services pour la comptabilité, a été jusqu'ici une déception pour la rédaction des contrats. Par contre, le développement des moyens de reprographie a été, pour le notariat, une véritable révolution, aussi grande sans doute que celle qu'il a connue, il y a un siècle, avec le développement de la machine à écrire, et ceci, non seulement parce que c'est un moyen de duplication rapide et sûr qui a mis fin à la corvée du collationnement (1) des actes, mais également parce que c'est un moyen d'assemblage des clauses qui a supplanté des techniques plus sophistiquées

(1) Le collationnement consistait, à l'époque où l'on ne pouvait reproduire la minute — donc l'original — que par une copie manuelle ou retapée à la machine, à comparer mot à mot tout exemplaire refait pour un client, c'est-à-dire toutes les « expéditions ».

comme celle des machines à écrire à mémoire.

Le travail des offices est donc par la force des choses de nature intellectuelle et artisanale.

Les charges de gestion de l'office sont essentiellement des charges de main-d'œuvre, c'est-à-dire que le notariat a subi de plein fouet les difficultés de gestion provenant de l'alourdissement des charges sociales.

Un autre handicap réside dans le fait que l'Etat n'hésite pas à mettre à la charge des offices des tâches matérielles sans les rémunérer, notamment pour la publicité foncière et le cadastre.

Structure juridique. — Sur le plan des structures juridiques, il convient de distinguer les offices individuels et les sociétés titulaires d'un office notarial.

Le notariat a été la première profession libérale à mettre en application la loi du 29 novembre 1966 sur les Sociétés civiles professionnelles (SCP) : dès 1967, un décret permettait aux notaires de former des Sociétés civiles professionnelles, alors que les avocats devaient attendre 1972 et les médecins 1977.

— La Société civile professionnelle de Notaires a connu très vite un grand succès en répondant à des besoins divers : notaires âgés s'associant avec leurs successeurs, jeunes abordant ensemble la profession dans des offices récemment créés, grosses études se partageant entre plusieurs associés...

— La Société civile professionnelle s'est surtout révélée être un facteur considérable d'ouverture de la profession, permettant de multiplier très vite le nombre des notaires et d'accueillir dans la profession des hommes de qualité quelle que soit leur situation de fortune.

— La Société civile professionnelle a enfin grandement facilité la restructuration du notariat, c'est-à-dire l'adaptation de ses moyens aux besoins de la population, à la fois dans les zones rurales où elle permettait de réunir deux offices, et dans les villes en développement où l'association a permis d'accroître le potentiel des offices.

Prix. — Quel est le prix d'un office, et peut-on parler de prix quand on sait que la vénalité des charges a disparu de France depuis deux siècles?

La vénalité des offices consistait, pour le roi, à vendre les offices de notaires comme il vendait les charges de justice. Elle n'existe plus depuis 1789 et l'Etat, fort heureusement, a trouvé d'autres moyens de se procurer des ressources que de vendre des offices de notaires au profit du Trésor public. Lorsque des offices de notaires sont créés, il n'est perçu aucun droit d'entrée dans la profession, tout au plus certains décrets de création d'offices ont-ils prévu la possibilité d'indemniser les offices voisins des pertes de clientèle qu'ils pourraient subir de ce fait.

Si l'on ne peut plus parler de vénalité, il n'en demeure pas moins qu'un office, comme un fonds de commerce, a une valeur patrimoniale et que les offices sous le contrôle de la Chancellerie peuvent être cédés à un prix qui équivaut à une cession de clientèle, de bail et d'équipements.

La valeur d'un office dépend donc principalement de l'importance de sa clientèle. Le prix de cession s'évalue à partir de la moyenne annuelle des produits demi-nets (1) des cinq années qui précèdent la cession. Cette valeur moyenne annuelle

(1) Le produit demi-net est égal au produit brut, déduction faite du loyer, de la taxe professionnelle, des salaires et des charges sociales et fiscales afférentes aux salaires.

est affectée d'un coefficient de cession qui se situe entre 2 et 3 (1). On constate depuis quelques années la dépréciation assez régulière des offices, ce qui signifie que le notariat n'est pas un métier aussi lucratif qu'on a tendance à le croire, et que si les révisions du tarif ont tenu compte de l'érosion monétaire, elles n'ont pas toujours pris en considération la plus grande complexité des actes et l'évolution des charges salariales.

La valeur moyenne d'un office notarial en France se situe aux alentours de 400 000 F, ce qui n'est guère plus que le prix d'un appartement moyen. C'est dire que le problème financier n'est plus un obstacle à l'accès de la profession. Il l'est d'autant moins que la mise en société d'un office permet d'acquérir un nombre de parts limité, que la Caisse des Dépôts et Consignations consent aux notaires des prêts spéciaux pour le financement de leur office et, qu'enfin, on voit de plus en plus de notaires être accueillis dans des sociétés civiles professionnelles sans aucune contribution financière, mais avec seulement un apport en industrie.

La patrimonialité des offices est officiellement reconnue, elle résulte de l'article 91 de la loi du 28 avril 1816 qui stipule que : « Les notaires peuvent présenter à l'agrément de sa majesté des successeurs, pourvu qu'ils réunissent les qualités exigées par les lois. »

C'est, juridiquement, ce droit de présentation qui fonde la patrimonialité des offices.

Ce n'est pas la règle générale dans le notariat : certains pays du notariat latin (Allemagne, Espa-

(1) Il n'y a pas bien loin entre cette manière d'évaluer un office et celle qui est employée pour évaluer un fonds de commerce : la base générale retenue étant égale à la moitié du chiffre d'affaires annuel qui équivaut lui-même à quatre années de produit net.

gne...) ne connaissent pas la patrimonialité des offices, en France même, les offices de la Cour de Colmar sont restés soumis à la réglementation allemande qui avait été appliquée pendant l'occupation d'Alsace-Lorraine.

La patrimonialité a des avantages et des inconvénients : à son actif, il faut souligner qu'elle constitue une sorte de caution de la part des notaires. La valeur de son office est un des éléments qui sert à désintéresser les créanciers d'un notaire qui a une exploitation déficitaire et doit se retirer. Si cette éventualité est exceptionnelle, on peut dire que, d'une façon générale, les notaires ayant engagé des fonds personnels dans leur office ont un intérêt certain à en assurer le bon fonctionnement. La patrimonialité s'ajoute ainsi aux garanties que fournit la profession.

A son passif, il faut observer qu'elle pourrait interdire l'accès à la profession à des candidats sans fortune personnelle si les notaires n'y avaient pas précisément remédié. Le remède est en effet dans la possibilité offerte par la Caisse des Dépôts d'obtenir des prêts couvrant une très large part de la valeur des apports nécessaires (1), prêts qui n'ont pu être consentis si largement que parce que la profession s'est elle-même portée caution de leur remboursement (2).

Le « numerus clausus ». — Le liberté d'établissement n'existe pas dans la profession, c'est-à-dire

(1) La Caisse des Dépôts et Consignations est ainsi, en quelque sorte, la banque du notariat. Comme une banque de dépôts, elle reçoit les dépôts des fonds clients et des fonds propres du notaire ; comme une banque d'affaires, elle finance les investissements des notaires, soit par des prêts à l'acquisition d'offices, soit par des prêts pour l'équipement et les gros travaux, soit par des prêts pour la mise en place de services collectifs.

(2) Une association de caution notariale a été instituée à cet effet.

qu'on ne peut, même nanti de tous les diplômes nécessaires, s'établir à sa guise. Il faut acquérir un office dont le titulaire se retire, s'associer avec un ou plusieurs notaires déjà nommés ou postuler à un office nouvellement créé.

Cette limitation des offices, que l'on désigne par l'expression latine *numerus clausus*, est évidemment un handicap pour ceux qui embrassent la profession, car elle entrave la liberté d'entreprendre, elle astreint les candidats à des recherches parfois longues et les amène souvent à exercer dans des localités où ils n'auraient pas souhaité s'établir.

Mais à l'inverse, le *numerus clausus* est une bonne chose pour la clientèle parce qu'il permet aux offices d'avoir une clientèle suffisante pour que les investissements nécessaires à une bonne qualité des prestations soient amortis.

S'il n'existait pas de limitation, la concurrence se ferait en partie au détriment de la clientèle et entraînerait une hausse des coûts, car les frais généraux des offices qui sont, pour partie, des frais fixes, se répartiraient sur un plus petit nombre d'affaires.

La profession doit, en conséquence, s'accommoder de cette contrainte en atténuant ses inconvénients. C'est ce qu'elle fait, notamment, en centralisant le marché des offices pour éviter qu'il ne devienne le fait de quelques officines spécialisées.

En tout état de cause, les offices restent, en quelque sorte, « hors du commerce », la cession est soumise au double contrôle des Chambres départementales des Notaires et de la Chancellerie, il porte à la fois sur l'évaluation du prix de cession et sur la qualité du cessionnaire qui, bien évidemment, doit réunir les conditions de capacité et de moralité prévues par la loi.

Les organismes professionnels

Les structures professionnelles du notariat sont articulées sur les circonscriptions judiciaires : Chambre des Notaires dans le ressort des tribunaux de grande instance, c'est-à-dire dans les départements ; Conseils régionaux au niveau des cours d'appel ; Conseil supérieur du Notariat au niveau national.

L'organisation corporative du notariat est une réalité originale qui ne saurait être comparée à un syndicat patronal ni à l'ordre d'une profession libérale. Le contrôle qu'elle exerce sur ses membres, le pouvoir disciplinaire dont elle est dotée, l'importance des cotisations qui financent les actions communes suffisent à le prouver.

Les Chambres Départementales de Notaires. — Les Chambres départementales sont souvent désignées sous le terme de Chambres de discipline, elles contrôlent l'accès à la profession en donnant à la Chancellerie un avis sur chaque candidature de notaire. Ce contrôle porte à la fois sur la personnalité du postulant, sa compétence et sa moralité, sur le traité de cession de l'office et sur le montant des emprunts qu'il sollicite de la Caisse des Dépôts pour financer l'acquisition de l'office.

Les Chambres assurent le cycle des inspections annuelles de comptabilité qui réalisent une surveillance constante du fonctionnement des offices.

Les Chambres réglementent les rapports entre offices et la déontologie propre à leurs compagnies par un règlement qui précise notamment les dispositions applicables lorsque plusieurs notaires opèrent en concours.

Les Chambres sanctionnent tout manquement à la déontologie et aux règlements professionnels, mais leur pouvoir disciplinaire est limité aux sanctions dites du premier degré (rappel à l'ordre, censure simple, censure devant la Chambre assemblée).

Les autres sanctions (1) sont de la compétence du tribunal

(1) Défense de récidiver, interdiction temporaire, destitution.

de grande instance siégeant en conseil de discipline sur réquisition du parquet.

Enfin, les mesures qui portent atteinte aux droits individuels du notaire restent du ressort des tribunaux eux-mêmes.

Si limité qu'il soit, ce pouvoir disciplinaire est très efficace, et il a été complété récemment par le droit de suspension provisoire qui est l'équivalent de la suspension en matière de droit disciplinaire des fonctionnaires, mesure de précaution qui doit pouvoir être prise très rapidement.

Les Conseils Régionaux de Notaires. — Les Conseils régionaux, qui couvrent le territoire d'une cour d'appel, servent de support pour la mise en place de services communs à l'ensemble des offices de la région : services de documentation, services de formation professionnelle, centres de négociations...

Les Conseils régionaux ont également un rôle disciplinaire et participent au contrôle préventif des offices par des inspections au deuxième degré.

Exceptionnellement, certaines Chambres regroupent les offices de plusieurs départements, notamment celles de Versailles et de Paris. La Chambre interdépartementale des Notaires de Paris, qui regroupe les quatre départements de Paris, des Hauts-de-Seine, de la Seine-Saint-Denis et du Val-de-Marne, cumule également les fonctions de Chambre départementale et de Conseil régional (1).

Le Conseil Supérieur du Notariat. — Au sommet de l'édifice, le Conseil supérieur du Notariat (2), organisme de création récente puisqu'il a été créé en 1941, assure au niveau de la Chancellerie la représentation du notariat. En toute rigueur, on ne peut affirmer qu'il se situe au sommet de la hiérarchie de l'organisation professionnelle puisqu'il n'a pas été doté de pouvoir disciplinaire.

Le Conseil supérieur du Notariat n'a pas seulement des attributions de représentation. Il participe également au contrôle de la profession en organisant des inspections inopinées qui ne sont pas sans analogie avec les fameux contrôles de polyvalents.

Le Conseil supérieur a rapidement développé des services

(1) La Chambre des Notaires de Paris occupe un immeuble au nord de la place du Châtelet, après avoir été longtemps au siège même de la Prévôté, dans la forteresse du grand Châtelet.

(2) Le Conseil supérieur a son siège 31, rue du Général-Foy à Paris (8e).

de recherche, de prospective et de relations publiques, et tend à devenir l'organe de direction de la profession.

Avec un budget annuel de près de 30 millions de francs, un effectif d'une centaine de cadres, des services permanents, le Conseil supérieur du Notariat ne peut être comparé aux ordres nationaux des autres professions libérales, mais se rapproche davantage d'une direction centrale.

Son président, élu pour deux ans, a de réels pouvoirs d'orientation de la profession, pour peu qu'il sache la gérer en bonne concertation avec le ministère de la Justice. Tout ce qui a trait à la réglementation de la profession : déontologie, règles d'accès, formation garantie collective... est évidemment de la compétence du Conseil supérieur qui est le correspondant direct de la Direction des Affaires civiles et du Sceau du ministère de la Justice chargé de la tutelle des professions juridiques et judiciaires.

Le Conseil supérieur est consulté par le gouvernement sur les projets de réforme juridique et fait étudier les textes nouveaux par son Institut d'Etudes juridiques.

Parallèlement aux structures professionnelles réglementaires, c'est-à-dire prévues par les textes et obligatoires, le notariat a mis à profit la liberté syndicale et largement utilisé la liberté d'association pour constituer des groupes d'action et d'idées qui témoignent de sa vitalité.

Le Syndicat des Notaires. — Le Syndicat des Notaires compte environ 3 000 adhérents. Non affilié à une centrale syndicale, le Syndicat des Notaires est un syndicat autonome qui a toujours observé une stricte neutralité politique.

Après s'être posé en concurrent du Conseil supérieur du Notariat et l'avoir inquiété par des positions d'avant-garde, le Syndicat s'est progressivement introduit dans les structures officielles : il a des représentants dans les Commissions de Travail du Conseil supérieur et collabore le plus souvent avec les organismes réglementaires.

Les notaires, d'abord réticents au mouvement syndical, ont compris l'avantage que procure sa liberté d'action et l'audience que peut avoir un mouvement syndical puissant.

Le rôle du Syndicat notarial n'est pas sans analogie avec celui des syndicats de fonctionnaires ou d'établissements publics : il permet de faire aboutir des revendications que le Conseil supérieur, par déférence envers les pouvoirs publics ne pourrait aborder sous une certaine forme. Il en résulte bien souvent une action commune, mais menée selon des procédés différents.

Les mouvements divers. — Le Syndicat des Notaires n'est pas le seul organisme de création spontanée. Un certain nombre de mouvements canalisent le dynamisme des membres de la profession et plus particulièrement le mouvement « Jeune notariat » créé en 1955 qui regroupe 1 500 notaires, et « Notariat 2000 » qui a 1 000 adhérents.

Pour coordonner utilement l'activité des organismes réglementaires : celle du Syndicat et celle des mouvements librement constitués au sein de la profession, la profession a organisé la concertation régulière des organismes représentant la progession en réunissant une « Assemblée de Liaison » qui est un véritable forum notarial.

L'Assemblée de Liaison. — L'Assemblée de Liaison réunit chaque année des délégués de chaque Compagnie, des représentants des syndicats, des représentants de mouvements notariaux. Elle constitue une tribune à partir de laquelle le Conseil supérieur informe la base de sa politique et un lieu de rencontre où il consulte la profession.

Les services collectifs

Sur le plan collectif, le notariat a une organisation professionnelle réglementaire et des groupes d'action pour la défense et le progrès de la profession. Il a aussi construit des services logistiques pour accroître la compétence et faciliter la gestion des offices. Au titre de ces réalisations collectives, on citera :

— l'appareil de formation ;
— les centres d'information et de documentation ;
— enfin, des services communs pour faciliter la gestion des offices.

Organismes de formation professionnelle. — L'appareil de formation est coiffé par le Centre national de l'Enseignement professionnel qui assure le fonctionnement dans chaque conseil régional des centres de préparation aux examens professionnels de notaires et des Ecoles de Notariat préparant au diplôme de premier clerc. Au niveau national, fonctionne également un Centre d'Enseignement par Correspondance pour la préparation du diplôme de « 1er clerc ».

La formation professionnelle continue a également des structures propres à la profession. Elle est coiffée par un Institut national de Formation notariale qui fait fonctionner 10 centres interrégionaux (voir p. 82).

Information et documentation. — Le notariat est la profession juridique qui a su, la première, adapter les méthodes de traitement de la documentation au volume et à la complexité de la production juridique du monde moderne. Il est, en effet, devenu impossible à un généraliste du droit de tenir, par ses propres moyens, une documentation juridique complète et d'accès rapide.

Dès 1962, les notaires, conscients de la nécessité d'assurer néanmoins la sécurité de leur clientèle en rédigeant des contrats qui respectent la réglementation, ont créé des Centres régionaux d'Information et de Documentation notariales (CRIDON) à Lyon d'abord, puis à Paris, à Lille, à Bordeaux et à Nantes.

Centres de Collecte de l'Information juridique, les CRIDON analysent et classent les textes législatifs et réglementaires, les décisions jurisprudentielles, les ouvrages de recherche de la profession, la doctrine et les résultats de leur propre expérience. Ils sont rapidement devenus, pour les notaires, non seulement une source de documentation, mais aussi des centres de consultation pour les questions délicates. Ils travaillent, à ce titre, avec quelques spécialistes de haut niveau et un réseau de correspondants qualifiés, notamment dans le monde universitaire.

Utilisant à l'origine des méthodes de classement traditionnelles, les CRIDON mettent en œuvre, depuis quelques années, les techniques informatiques pour la mise en mémoire et la recherche de documentation. Ils emploient une cinquantaine de spécialistes consultants, 60 documentalistes et constituent une véritable pépinière de chercheurs.

Services communs de l'ensemble des notaires qui en financent le fonctionnement, ils travaillent exclusivement pour la profession à laquelle ils fournissent chaque année 50 000 recherches documentaires et consultations. Le public, qui n'y a pas accès directement, n'en est pas moins le bénéficiaire, puisque le client qui pénètre dans l'un quelconque des 5 500 offices français dispose indirectement de tout ce potentiel documentaire.

D'origine plus récente est le Centre notarial d'Informatique (1). Il s'agit d'un Institut de Recherche pour le Développement de l'Informatique dans le Notariat, qui étudie les activités pour lesquelles le notariat peut bénéficier de l'informatique et les programmes susceptibles d'intéresser la profession.

La plus grande partie de son activité est consacrée à l'organisation et à la surveillance de l'exploitation centralisée des comptabilités des offices. 6 à 700 parmi les plus gros offices font traiter leurs comptabilités sur ordinateur auquel elles transmettent leurs écritures comptables, soit par bande perforée, soit par terminal. Dix centres de traitement fonctionnent sur l'ensemble du territoire.

Pour être complet, il faut enfin faire état de quelques réalisations régionales :

— Un Centre de Conservation des Archives qui

(1) Créé à l'issue du Congrès des Notaires de Grenoble en 1969.

fonctionne à Paris en liaison avec un atelier de micrographie. Des outils collectifs sont nécessaires pour le traitement des archives qui représentent des volumes considérables. La profession s'en remet au Service public des Archives nationales (1) pour des documents anciens ayant plus de cent vingt-cinq ans. Mais avec la complexité des lois, les archives ont vu, dans les cinquante dernières années, leur volume augmenter considérablement, et ce développement a rendu nécessaire un centre pour la conservation des documents récents.

— Un fichier des ventes immobilières de la région parisienne qui met en mémoire d'ordinateurs les informations utiles aux experts immobiliers. Toutes les ventes y sont fichées.

On rappellera enfin les centres de négociation de prêts notariés et les groupements de négociation immobilière déjà évoqués.

(1) La loi du 14 mars 1928 a permis le rassemblement aux Archives départementales et nationales des minutes et documents de toute nature ayant plus de cent vingt-cinq ans d'âge, conservées dans les études et Chambres départementales.

Cette loi a été suivie d'une application rapide puisqu'on comptait déjà, en 1931, 80 000 volumes de minutes notariales dans les dépôts d'archives de Provence, et qu'un accord particulier était passé entre les Archives nationales et la Compagnie des Notaires de Paris, pour que les archives des notaires puissent être plus facilement consultées par les personnes faisant des recherches. Les Archives nationales ont installé, rue des Francs-Bourgeois, à Paris (3e) ; un Service entièrement consacré aux recherches historiques par les actes notariés. Le « Minutier des Notaires » abrite plusieurs millions d'actes stockés en 150 000 liasses couvrant 26 km de rayons. Une salle de consultation est réservée à ces documents. Cette initiative des Archives nationales avec le concours des notaires parisiens a permis la conduite de nombreux travaux de recherches.

Chapitre V

LE STATUT

Après avoir successivement indiqué le domaine de l'activité notariale et les moyens mis en œuvre par la profession, il convient de s'attacher à décrire le statut des notaires.

Il y a au moins deux raisons pour insister sur ce troisième aspect de l'institution :

— La première, c'est que le statut n'a pas pour objet de protéger les notaires, mais bien au contraire d'apporter des garanties à leurs clients.

— La deuxième, c'est que le statut est la principale originalité d'une institution qui se situe à mi-chemin entre la fonction publique et la profession libérale.

Le notaire, en effet, est un officier public sans être pour autant un fonctionnaire ; il est titulaire d'une profession libérale sans être pour autant affranchi de la tutelle de l'Etat.

Le notaire, officier public

Le notaire n'est pas seulement un officier ministériel, c'est-à-dire titulaire d'un office conféré par l'Etat, comme le sont, par exemple, les avocats à la Cour de cassation et au Conseil d'Etat, mais il est également un officier public, c'est-à-dire titulaire d'une délégation de la puissance publique pour authentifier les contrats de la même manière que le maire a le pouvoir d'authentifier les actes de l'état civil. Il partage ce titre avec les agents de change, les commissaires priseurs, les greffiers des tribunaux de commerce.

Cela signifie que le notaire ayant une délégation de la puissance publique est astreint à un contrôle de l'Etat et à des obligations propres aux services publics.

Le notariat n'est pas seulement, en effet, une profession réglementée, comme le sont à l'heure actuelle la plupart des professions qui requièrent la confiance du public et auxquelles sont imposées des conditions de compétence et des règles de fonctionnement propres à garantir leur clientèle ; le notariat est également sous la surveillance directe et continue de l'Administration, en l'occurrence, du ministère de la Justice. Ce contrôle porte à la fois sur le choix des hommes qui exercent la profession et sur la manière dont ils l'exercent.

Les notaires sont nommés par arrêté du ministre de la Justice.

Cette nomination intervient après constitution d'un dossier soumis au contrôle du parquet et de la Chancellerie. Le dossier comporte les diplômes professionnels, les certificats de moralité des Chambres de Discipline dans le ressort desquelles le candidat a effectué son stage, le certificat de moralité délivré après comparution, enquête et délibération de la Chambre de Discipline du département de l'office à pourvoir, et l'avis de cette dernière Chambre.

Le droit du ministre de la Justice d'accorder ou de refuser la nomination d'un notaire est absolu, et sa décision de refus n'a pas à être motivée.

Avant d'entrer en fonction, le notaire prête serment devant le tribunal de grande instance de bien et loyalement remplir ses fonctions.

L'Administration ne se contente pas de contrôler l'accès à la profession de notaire, elle exerce une surveillance continue sur son activité professionnelle par l'intermédiaire des parquets de tribunaux de grande instance. Le procureur, en effet, est tenu informé du résultat de toutes les inspections réalisées par les Chambres de Discipline, il peut être saisi directement par le public, il peut bien entendu prendre lui-même l'initiative d'un contrôle.

Le contrôle de l'Administration n'est pas la seule analogie entre le notariat et le régime de la fonction publique. On trouve d'autres similitudes dans les dispositions qui apportent des limites à la liberté individuelle des notaires, soit pour garantir son indépendance, soit pour assurer la continuité du service public qu'il rend.

Pour garantir son indépendance, certaines activités lui sont interdites : toute activité de nature commerciale notamment, et cela va jusqu'à l'interdiction de siéger dans les Conseils d'Administration des sociétés. Citons aussi, pour l'anecdote, l'interdiction qui leur est faite de pénétrer dans une salle de jeux.

Le notaire, pour assurer la continuité du service notarial, considéré à cet égard comme un service public, est « astreint à résidence », c'est-à-dire obligé de résider dans le département où est situé son office. Il ne peut refuser son ministère, à la condition bien entendu qu'il ne lui soit pas demandé de passer des actes contraires à l'ordre public. Le notaire ne peut fermer son office, s'il doit s'absenter et notamment prendre des congés, son office reste néanmoins ouvert, et les actes sont reçus en son nom par un de ses confrères. S'il n'a pu prévoir son absence, il appartient à la Chambre de Discipline de lui substituer un de ses confrères. On serait même tenté de dire que la continuité du service notarial est plus grande que celle du service public proprement dit, puisqu'on n'a encore jamais connu de grève du notariat.

Le statut du notaire se rapproche encore de celui de la fonction publique sur le plan de la discipline. Comme les fonctionnaires, les notaires peuvent être déférés au pouvoir disciplinaire de l'Administration pour tout manquement à leurs devoirs professionnels : la hiérarchie des peines disciplinaires, les procédures et voies de recours sont prévues avec la même rigueur juridique dans le but de garantir le bon fonctionnement du service, tout en respectant les droits de la défense et de l'individu. Seules, les peines disciplinaires les plus légères : rappels à l'ordre et censure, sont de la compétence des instances professionnelles, les autres sont du ressort des tribunaux, elles peuvent aller bien entendu jusqu'à la destitution.

Rappelons, enfin, une dernière analogie entre le notariat et la fonction publique, sur laquelle nous nous sommes déjà étendus : le notaire n'est pas libre de fixer le montant de sa rémunération, il applique un tarif public.

Ainsi, le notaire, parce qu'il remplit une fonction d'intérêt public, est astreint à la plupart des sujétions du fonctionnaire ; mais il n'a pas pour autant le statut de la fonction publique, même dans les départements de la Cour de Colmar où il est nommé sur concours. Il n'est pas rémunéré par l'Etat et prend seul les risques de l'exploitation de son entreprise.

Le notariat, profession libérale

Car, en même temps qu'il est officier public, le notaire appartient à une profession libérale.

On le reconnaît à trois critères, principalement :

— la liberté du public pour le choix de son notaire ;
— l'appropriation privée des moyens professionnels ;
— la nature de l'activité et le régime fiscal auquel est soumise la profession.

Chacun est libre de choisir son notaire comme il est libre de choisir son avocat ou son médecin. La compétence territoriale du notaire n'a rien à voir avec le secteur d'activité d'un fonctionnaire (1) qui agit obligatoirement et exclusivement pour les assujettis de son ressort. La compétence territoriale du notaire est simplement le territoire où il peut instrumenter, c'est-à-dire faire signer un acte.

Obliger le notaire à passer l'acte à un endroit donné n'entrave en rien le libre choix du client. Cette liberté est donnée à toutes les parties au contrat. Il est toujours possible de demander la participation de son notaire, lorsqu'il n'est pas celui de la personne avec laquelle on traite. Si les deux notaires sont compétents pour instrumenter, l'acte est passé devant eux, on dit qu'il y a « concours ». Si les deux notaires n'ont pas le même ressort d'instrumentation, l'acte est passé devant celui qui exerce, et l'autre notaire vient à l'endroit où a lieu la signature fournir à son client le conseil de l'assistance dont il a besoin, on dit qu'il y a « participation ». Le concours comme la participation n'entraînent aucune majoration de frais, puisqu'il y a partage des émoluments entre les notaires.

(1) Voir p. 85.

Le deuxième critère du caractère libéral de la profession notariale est l'appropriation privée des moyens professionnels : l'office n'est pas un bien public dont l'exploitation est concédée au notaire ; c'est le notaire qui en finance l'achat et qui prend tout le risque de son exploitation, de telle sorte qu'il exerce son métier en toute indépendance.

Le troisième critère est dans la nature de l'activité ; prestataire de services, de nature non commerciale, le notaire ne peut en aucun cas avoir une activité artisanale, industrielle ou commerciale, c'est la raison pour laquelle les notaires sont assujettis au régime fiscal des professions libérales, qu'ils exercent la profession individuellement ou en société civile. Leurs prestations ne sont soumises à la TVA qu'à titre exceptionnel. Les notaires souhaiteraient, pour leur part, une généralisation de la TVA qui leur éviterait de payer la taxe sur les salaires, et leur permettrait de reprendre la TVA qu'ils acquittent sur les fournitures, les équipements, et parfois les services qu'ils payent, mais leur clientèle, qui n'est pas en majorité une clientèle de professionnels, n'apprécierait sans doute pas cet assujettissement.

Le notaire est personnellement assujetti à l'impôt sur le revenu pour ses revenus professionnels comme pour ses revenus personnels, il ne bénéficie d'aucun dégrèvement, bien qu'il n'ait pas plus que le salarié la possibilité de distraire ses revenus de la connaissance du fisc, étant donné que toutes ses recettes et ses dépenses sont consignées dans une comptabilité officielle. Aussi, n'y a-t-il pas eu de difficultés à les autoriser à constituer des associations de gestion agréées.

Pour illustrer le caractère libéral du notariat, indiquons enfin que le notaire est astreint au secret professionnel, en application des dispositions très générales de l'article 378 du Code pénal qui en sanctionne la violation (1).

Ainsi, les notaires sont comme les avocats et les médecins, une profession libérale. Ils participent à l'action des associations de professions libérales (2). Ils subissent la crise que traversent les professions libérales car, incontestablement, après avoir connu une période de gloire à la fin du XIXe siècle, il semble que les professions libérales aient une place difficile à tenir entre un monde du travail essentiellement industriel et commercial et une administration de technocrates qui voudraient pouvoir les maîtriser comme ils dirigent l'ensemble de l'activité économique (3).

Le double caractère du notaire : officier public et profession libérale, est la première originalité de son statut. Elle ne présenterait guère d'intérêt s'il s'agissait d'une simple curiosité juridique, mais en pratique, cette dualité qui place le notaire à mi-chemin entre le public et l'Administration est bénéfique pour la clientèle puisqu'elle allie les vertus d'un contrôle de l'Etat au stimulant de l'intérêt personnel.

Le notariat, profession responsable

Le statut du notariat ne tient pas seulement dans cette ambivalence ; il est aussi et surtout dans

(1) Le secret professionnel s'applique soit que les faits appris sous le sceau du secret aient été confiés par des particuliers, soit que leur connaissance provienne de l'exercice d'une profession aux actes de laquelle la loi, dans un intérêt général, d'ordre public, a imprimé le caractère confidentiel et secret. Devant la Justice civile, l'obligation au secret professionnel est absolue, et le notaire ne peut en être relevé.

(2) L'Union Nationale des Associations de Professions Libérales (UNAPL) ; la Confédération des Travailleurs Intellectuels de France (CTI) dont le président est un notaire parisien ; la Confédération Nationale des Professions Libérales (CNPL).

(3) D'où les efforts menés par les professions libérales pour faire valoir leur représentativité en constituant des chambres de professions libérales au niveau départemental.

le fait que le notaire est responsable de tous ses actes, et que cette responsabilité va bien au-delà de celle du fonctionnaire ou de la profession libérale, tant et si bien que l'intervention du notaire procure par elle-même au public la plus grande sécurité.

Nous ne parlerons pas, ici, de la responsabilité disciplinaire, dont nous avons évoqué déjà les caractéristiques (voir p. 94), ni de la responsabilité pénale qui ne présentent pas de spécificité et ne concernent pas directement le public, mais de la responsabilité civile professionnelle.

Le notaire est responsable de l'exactitude des faits qu'il relate dans ses actes, et qu'il doit dès lors scrupuleusement contrôler :

— l'identité des parties, leur capacité, leurs qualités ;
— la désignation des biens, leur affectation, leur situation hypothécaire, les règlements d'urbanisme auxquels ils sont soumis... ;
— l'existence de servitudes de droit public et droit privé...

sont autant de points sur lesquels il ne saurait commettre d'erreurs sans engager sa responsabilité.

Le notaire est également responsable du respect de la loi pour la simple raison que, si l'acte contenait une disposition contraire à l'ordre public, il serait nul. C'est de ce chef que sa responsabilité devient de plus en plus lourde au fur et à mesure que la réglementation entre dans le détail de la vie sociale.

C'est ainsi qu'il est responsable du respect des formalismes en matière de ventes d'immeubles à construire, de lotissements... Purge des droits de préemption, des droits de collectivité et de certains particuliers... Obtention de tous les certificats attestant que le bien à vendre ne se trouve dans aucune des situations pouvant le rendre incessible ou en diminuer la valeur.

Il ne saurait s'exonérer de cette responsabilité en avertissant la clientèle et en stipulant dans les actes une clause de conseils donnés et non suivis, à juste titre, les tribunaux le considéreraient alors comme complice d'une violation de l'ordre public.

Le notaire est responsable également à certains égards de l'équilibre des contrats, sa responsabilité peut être engagée dans le cas de vente lésionnaire et, de façon générale, de contrat contenant des clauses dolosives.

Non seulement la responsabilité du notaire sanctionne la régularité des contrats, mais une jurisprudence plus récente l'a étendue à l'opportunité des actes en mettant à la charge des notaires un « devoir de conseil » au nom duquel ils engagent leur responsabilité chaque fois qu'ils n'ont pas averti leurs clients des conséquences préjudiciables que peut avoir pour eux la passation d'un acte.

Cette jurisprudence très audacieuse, qui consacre le rôle de conseil juridique du notaire et le conforte, a des applications de plus en plus nombreuses.

Faut-il souligner enfin que le notaire, seul titulaire de l'office, est responsable de toute l'activité de son office, c'est-à-dire responsable de fautes professionnelles commises par son personnel comme par lui-même ?

Assurances et garantie collective. — Il serait illusoire de mettre en jeu la responsabilité des notaires s'ils ne pouvaient faire face aux obligations qui en résultent. C'est pourquoi il est important de savoir comment le notariat assume la responsabilité particulièrement lourde qui est le corollaire de sa mission de conseil et d'authentificateur.

L'organisation collective de la responsabilité professionnelle du notariat est une garantie sans équivalent.

Lorsque le client d'une étude subit un préjudice dont le notaire est responsable, il est certain d'en obtenir réparation, parce que les notaires ont l'obligation de couvrir leur responsabilité professionnelle par une assurance collective et parce qu'en outre, les dommages non indemnisés par l'assureur (ce qui est le cas notamment lorsqu'ils résultent d'une faute intentionnelle) sont couverts par une garantie collective fondée sur la solidarité nationale des notaires.

L'assurance collective est souscrite pour la responsabilité civile professionnelle, les primes sont donc proportionnées à l'activité génératrice de risques et assises sur les produits bruts des offices. Une franchise de 10 % sur les indemnités payées par l'assurance tient lieu de ticket modérateur. Elle couvre bien entendu les erreurs commises par le notaire lui-même et celles de son personnel. L'assurance intervient aussitôt qu'il y a faute professionnelle caractérisée par un préjudice certain, sans même qu'il soit nécessaire au préalable de mener l'affaire en contentieux.

La garantie collective entre en jeu lorsqu'en dépit de l'assurance souscrite, le notaire responsable est totalement ou partiellement défaillant ; c'est une Caisse mutuelle alimentée par des cotisations payées par l'ensemble des notaires de France.

— Elle intervient à titre subsidiaire pour couvrir la responsabilité civile professionnelle qui échappe à l'assurance : faute intentionnelle, faute lourde équivalente au dol.
— Elle intervient à titre principal pour la garantie

de fonds remis au notaire (1). Ces fonds, dont l'importance est parfois considérable, peuvent être l'objet de tentations pour le notaire, non pas tant, comme l'expérience l'a prouvé, qu'il y ait un risque de détournement pur et simple, mais parce que les notaires peuvent être tentés de les mettre à la disposition de leur clientèle emprunteuse, faisant ainsi office de banquier, ce qui leur est rigoureusement interdit.

Une seule limite est fixée par les textes à l'étendue de la prise en charge par la garantie collective des notaires : c'est en quelque sorte le risque économique, celui qui résulte de l'insuffisance de gage dans les prêts notariés, et c'est l'une des raisons pour lesquelles les notaires ont pris la précaution de prévoir pour les risques spécifiques aux prêts notariés, un système de sécurité particulier : la garantie de bonne fin des prêts notariés qui n'est autre chose que l'intervention d'un certain nombre d'établissements financiers agréés et de la Caisse des Dépôts et Consignations elle-même comme caution des débiteurs hypothécaires (voir p. 42).

Avec cette triple sécurité, la clientèle est particulièrement protégée pour obtenir la réparation financière des dommages causés, encore faut-il que la victime ne soit pas complice de l'erreur commise (2)

(1) Dans le souci d'améliorer le service de la clientèle, les notaires vont jusqu'à prendre en charge et assurent volontairement le risque qu'ils prennent en remettant au vendeur le produit de la vente aussitôt qu'elle est réalisée, sans attendre d'avoir obtenu de l'Administration la « situation hypothécaire » qui garantit que l'immeuble vendu n'est pas grevé d'hypothèque, situation qu'il faut attendre plusieurs semaines.

(2) Le public est parfois étonné que la Caisse de Garantie ne veuille pas payer toutes les dettes d'un notaire défaillant, mais il s'est avéré que parmi les « victimes » d'un notaire, beaucoup d'entre elles avaient sollicité le notaire et lui avaient confié des fonds à la condition non seulement d'intérêts tout à fait inhabituels pour des pla-

et qu'il s'agisse réellement d'activité professionnelle. Pour faciliter la preuve que la faute du notaire a bien été commise dans le cadre de son activité professionnelle, les clients doivent exiger de leur notaire, contre toute somme remise, un reçu dont la loi a précisé les termes. Dans chaque office, une affiche rappelle cette règle.

L'assurance obligatoire et la garantie collective sont ainsi les derniers dispositifs qui bouclent la chaîne des éléments qui garantissent au public la sécurité juridique :

— contrôle préventif de l'accès à la profession et des conditions d'exercice de la profession, contrôle disciplinaire de l'activité notariale ;
— mise en jeu de la responsabilité civile professionnelle ;
— garantie de l'indemnisation.

Ce dernier dispositif n'est pas le moins onéreux. Il en coûte chaque année à la profession 60 millions de francs, mais le notariat paye ainsi le prix de la sécurité qu'il fournit à sa clientèle, parce qu'il considère que c'est le seul moyen de ne pas paralyser la profession par l'importance chaque jour croissante des risques que lui fait prendre une réglementation de plus en plus tatillonne, et parce qu'il estime que le tribut qu'il doit payer au fonds de garantie collective pour les malversations de quelques brebis galeuses, si lourd qu'il soit, est en définitive peu de chose, eu égard au capital de confiance que le notariat représente dans notre pays.

cements remboursables à première réquisition, mais encore à la condition que ces sommes ne soient pas comptabilisées, et ne forment pas l'objet d'un reçu réglementaire du carnet à souches. Ceci dans le but évident d'éviter l'impôt sur le revenu et, en cas de décès, les droits de succession.

Chapitre VI

L'ACTE NOTARIÉ

Le statut qui est imposé au notariat pour la sécurité du service juridique ainsi que l'organisation professionnelle qu'il s'est lui-même donnée pour en garantir la qualité, fondent la valeur de l'acte notarié, et expliquent les avantages d'un système juridique qui fait une large place à la notion d'authenticité.

Les avantages de l'acte notarié (1) ne résident pas seulement dans la valeur juridique que la loi reconnaît à l'acte authentique. Ils sont bien davantage

(1) Les actes qui sont obligatoirement passés devant notaire, c'est-à-dire en la forme de contrats authentiques, sont beaucoup plus limités qu'on le croit généralement :

— Il s'agit, *d'une part*, d'actes que le législateur a jugés particulièrement importants au point de vouloir qu'ils soient, dans tous les cas, entourés des garanties que présente l'acte notarié. Rentrent dans cette catégorie :

— les contrats de mariage ;
— les donations entre vifs ;
— les donations entre époux ;
— les reconnaissances d'enfants naturels ;
— les actes d'adoption ;
— les inventaires ;
— les déclarations de souscriptions et de versements en matière de sociétés par action.

— Il s'agit, *d'autre part*, de tous les actes qui doivent faire l'objet d'une publicité foncière, c'est-à-dire toutes les ventes d'immeubles, de droit immobilier et les constitutions de droit immobilier (essentiellement hypothèques). Le fondement d'un monopole de notaires pour cette deuxième catégorie d'actes est la nécessité, pour l'Administration des Finances (Service Conservation des Hypothèques), d'avoir des correspondants sûrs et responsables pour donner au encore dans le fait que cet acte authentique est passé devant un notaire qui assume l'entière responsabilité de sa véracité et de son efficacité.

L'acte notarié est un acte authentique, cela signifie :

— qu'il a date certaine, sans qu'il soit besoin de l'enregistrer ;
— qu'il a une force probante quasi absolue, parce que le notaire joue un rôle d'agent assermenté dont on ne peut mettre en doute les informations. Pour contester les termes d'un contrat authentique, il faudrait engager la procédure lourde et aléatoire de l'inscription de faux en écriture publique, tandis que les termes d'un acte sous seing privé peuvent être contestés en justice par tous les moyens de preuve. Cette caractéristique fondamentale de l'acte notarié est illustrée par l'emblème et la devise du notariat :

  l'emblème du notariat est un gnomon (1), sorte de cadran solaire universel. Il signifie que l'acte notarié traduit la véritable intention des parties comme le cadran solaire donne l'heure vraie ;

  la devise qui l'accompagne *Lex est quodcumque notamus* confirme que le texte des actes notariés a force de loi.

— L'acte authentique peut être exécuté d'office, c'est-à-dire sans qu'il soit nécessaire de recourir au préalable à la justice, puisqu'il est revêtu de la

fichier immobilier toute la sécurité qu'il doit apporter aux transactions immobilières.

Dans tous les autres cas, le public a le libre choix entre l'acte sous seing privé et l'acte authentique. C'est en toute liberté que, dans la plupart des cas, les personnes s'adressent au notaire pour passer leurs contrats à cause des avantages que présente le contrat authentique par rapport au contrat sous seing privé.

(1) Du grec *gnomon*.

même formule exécutoire (1) qu'un jugement. Ceci n'est pas un mince avantage : le créancier d'un acte sous seing privé, face à un débiteur défaillant, ne peut faire exécuter son contrat en s'adressant à l'huissier. Il doit au préalable s'adresser aux tribunaux et obtenir un jugement de condamnation du débiteur. A l'inverse, le créancier titulaire d'un contrat notarié et porteur d'une copie exécutoire (2), c'est-à-dire de la copie d'un contrat authentique certifié par le notaire et revêtu de la formule exécutoire, peut obtenir d'office l'exécution.

— Le contrat authentique est à l'abri de toute destruction matérielle, puisqu'il est conservé dans les archives du notaire. Il est répertorié à la fois dans son office et au greffe du tribunal.

Pour comprendre toute la valeur de l'acte notarié, il faut aller au-delà des caractères juridiques de l'acte authentique et souligner tout simplement le fait que cet acte est passé devant un notaire et signé par lui. C'est bien en effet de cette signature du notaire et de sa présence matérielle que résulte tout l'intérêt de l'acte notarié. Le notaire n'est pas un simple intermédiaire qui prépare un contrat à la signature de ses clients, il le signe lui-même, cela signifie qu'il s'engage avec chacune des parties.

L'avocat qui fait signer un acte sous seing privé, l'agent immobilier qui présente une « promesse de vente » à la signature de ses clients ne souscrivent aucun engagement.

(1) La formule exécutoire qui figure sur la copie exécutoire des actes est libellée ainsi : « En conséquence, la République française mande et ordonne à tous huissiers de justice sur ce requis de mettre les présentes à exécution. Aux procureurs généraux et aux procureurs de la République, près les tribunaux de grande instance d'y tenir la main. A tous commandants et officiers de la force publique de prêter main-forte lorsqu'ils en seront légalement requis. EN FOI DE QUOI, la présente copie exécutoire a été collationnée, signée, scellée par le notaire soussigné et délivrée à ... »

(2) Autrefois dénommée « grosse ».

Le notaire, au contraire, contracte lui-même une obligation de résultat, non pas certes une obligation qui le rendrait caution solidaire de tous ses clients, mais une obligation de résultat qui signifie que l'acte qui est passé est un instrument valable dans la forme et dans le fond pour que l'objectif de ses clients soit réalisé. Cette responsabilité est une réalité sanctionnée par les tribunaux, couverte par les assurances, et garantie par la solidarité professionnelle.

Le notariat est ainsi l'instrument de prédilection d'un système de droit : celui qui garantit le bon fonctionnement du commerce juridique par la possibilité d'authentifier les actes.

Il est un phénomène international ; les Romains l'ont installé dans les pays du Bassin méditerranéen, Charlemagne l'a introduit en Germanie, Napoléon l'a consolidé dans toute l'Europe ; par le biais de l'hégémonie européenne, il a ensuite pénétré en Amérique, en Afrique et en Asie ; cette expansion n'est pas seulement un phénomène historique appartenant au passé, des pays aussi modernes que le Japon l'ont adopté très récemment.

Le notariat fait partie des institutions juridiques de plus de 40 nations (1) ; il fonctionne aussi bien dans des régimes totalitaires que dans des régimes libéraux, car, au-delà des régimes politiques, il signifie l'option prise sur un système de droit.

Les deux grandes familles juridiques entre les-

(1) L'Union internationale du Notariat latin regroupe la plupart des nations dotées de notaires ; elle a été fondée à l'initiative d'un notaire argentin : le président José Negri ; son Ier Congrès, en octobre 1948, réunissait 15 pays d'Amérique latine et 5 d'Europe. Elle en compte 38 aujourd'hui, et ses Congrès, qui ont lieu tous les deux ans, contribuent à une coordination indispensable à la compréhension et au rapprochement des législations, et par là à l'unification du droit pour faciliter et améliorer les rapports entre les nations.

quelles se partage le monde : les pays de droit latin et ceux de droit anglo-saxon, ont mis chacune une priorité aux objectifs du commerce juridique :

— le monde anglo-saxon a mis l'accent sur la rapidité en assimilant droit privé et droit commercial ;
— le monde latin a mis l'accent sur la sécurité en donnant aux individus la possibilité de faire authentifier leurs actes par des conseillers responsables.

Le pari sur la sécurité est un pari tenu pour la France où le nombre des contrats authentiques qui soulèvent une difficulté d'application est de l'ordre de 1 pour 10 000.

Il n'exclut pas la rapidité dans la mesure où les notaires savent allier les qualités de juriste averti à celles de prestataire de services organisés.

CONCLUSION

Nous avons voulu expliquer une profession millénaire, nombreuse, présente partout, et cependant, à bien des égards, mal connue.

Il était nécessaire, pour cela, d'aller au-delà de ses attributions et de son rôle économique, en donnant quelques détails sur son organisation interne. On ne peut en effet juger et comprendre le notariat que par une appréciation globale.

Beaucoup de critiques sont formulées à son encontre parce que les observateurs n'ont pas présents à l'esprit tous les aspects de l'institution. Il est alors inévitable qu'ils dénoncent les avantages en passant sous silence les servitudes.

Or, les règles de l'institution forment un ensemble cohérent, les unes expliquant les autres : la compétence exclusive va avec le contrôle de l'Etat, le *numerus clausus* explique la responsabilité, la solidarité justifie une certaine cooptation.

Il est réconfortant de constater que ceux qui critiquent tel ou tel aspect de la profession, quelle que soit la virulence de leurs attaques, s'entendent généralement pour conclure que si le notariat n'existait pas, il faudrait l'inventer. Il suffit, en effet, d'imaginer le désordre social que provoquerait une rupture dans le fonctionnement de l'institution notariale pour mesurer l'importance de ses fonctions.

Dans une civilisation avancée, où les rapports sociaux sont réglementés dans le détail, dans un pays libéral où l'individu a besoin d'être soutenu vis-à-vis de l'Etat, dans un monde changeant où le besoin de sécurité devient primordial, le notariat a un rôle considérable à jouer. Que cherchons-nous en effet, de plus en plus et chaque jour, individus et entreprises, citadins et ruraux, jeunes et vieux, si ce n'est connaître les règles qui fixent des limites à notre liberté, faire le meilleur choix parmi une multitude de solutions dont il est difficile d'apprécier les conséquences respectives, faire valoir nos droits, protéger notre patrimoine et le transmettre à nos enfants ? Or, le notaire a pour mission de nous fournir cette information, ce conseil, cette médiation et cette assistance technique.

L'existence du notariat n'est donc pas en cause, mais il faudra toujours rechercher le perfectionnement de ses méthodes, l'adaptation de ses structures, le développement de ses moyens. Ces préoccupations sont celles des instances professionnelles, et c'est la raison pour laquelle le notariat a subi récemment les importantes transformations auxquelles nous faisions allusion au début de cet ouvrage :

— une réforme totale de son système de recrutement et de formation lui apporte désormais des hommes plus jeunes et plus compétents ;
— des investissements collectifs lui procurent des moyens d'information et de documentation sans équivalents ;
— la restructuration de son réseau de base lui a permis d'équilibrer son potentiel en fonction des besoins de la population ;
— le développement des instances professionnelles a renforcé la discipline et la cohésion qui font traditionnellement sa force.

Est-ce à dire que le « nouveau notariat » est adapté aux besoins d'une société sans cesse renouvelée ? Il serait chimérique de le penser à une époque où l'évolution des besoins est si rapide.

Pour rester à la dimension de ces besoins, il semble que le notariat, dans les années qui viennent, ait quatre grands objectifs à tenir :

— Le premier objectif concerne les méthodes de gestion : dans un secteur de prestations de services où le produit est de plus en plus sophistiqué, utilisant essentiellement de la main-d'œuvre, le notariat serait rapidement submergé par les charges sociales et les frais d'exploitation s'il ne réussissait pas à franchir, avec l'informatique, ce grand progrès dans la productivité qui est l'espoir de tout le secteur tertiaire.

— Le deuxième objectif concerne le développement des compétences professionnelles : les notaires sont actuellement tiraillés entre la nécessité de demeurer généralistes du droit tout en fournissant à la clientèle des prestations qui sont de plus en plus réservées à des spécialistes. Ils ne parviendront à satisfaire ce double besoin qu'en augmentant les investissements intellectuels ou en ouvrant davantage la profession par l'association interprofessionnelle (1).

— Le troisième objectif du notariat est de rester fidèle, à travers toutes ces mutations juridiques

(1) La loi a prévu la possibilité, pour un notaire, de s'associer avec un expert-comptable ou d'autres professions juridiques ou para-juridiques, comme avocats, géomètres, experts-fonciers... dans le cadre d'une société civile interprofessionnelle, mais aucune de ces sociétés n'a encore vu le jour car leur naissance est subordonnée à la parution d'un décret d'application.

La nécessité d'une spécialisation et évidente, mais la complexité des lois et des interférences des applications est telle que l'homme de synthèse est également de plus en plus indispensable. Encore faut-il que ce généraliste soit de haut niveau et entouré de bons spécialistes.

et sociales, à sa mission fondamentale qui est la défense des intérêts privés à un moment où le dirigisme étant chaque jour plus pesant, l'Etat aurait tendance à considérer le notaire comme une sorte de fonctionnaire policier.

— Le quatrième objectif est enfin pour le notariat de concourir à la construction de l'unité européenne. L'Europe des Neuf est aux quatre cinquièmes une Europe notariale couverte par un réseau d'offices ayant des attributions et des statuts semblables, qu'une volonté politique peut, du jour au lendemain, faire vivre sans frontières.

Les notaires doivent préparer cette libre circulation des produits juridiques, car ils en ont les moyens.

PRINCIPAUX TEXTES RÉGISSANT LE NOTARIAT FRANÇAIS

Décret du 2 thermidor, an II, rendant obligatoire et exclusif l'usage de la langue française dans les actes notariés.

Loi du 19 brumaire, an IV, rattachant le notariat au ministère de la Justice.

Loi du 22 pluviôse, an VII, sur les ventes publiques mobilières.

Loi du 25 ventôse, an XI, organisation et statut du notariat.

Loi du 28 avril 1816, article 91, sur le droit de présentation d'un successeur.

Décret du 2 septembre 1871 sur la formule exécutoire.

Loi du 14 mars 1928 reconnaissant le dépôt des minutes et documents ayant plus de cent vingt-cinq ans aux archives départementales ou nationales.

Loi du 12 juillet 1937 instituant une Caisse de Retraite et de Prévoyance des clercs et employés de notaires.

Ordonnance du 28 juin 1945 relative à la discipline des notaires.

Ordonnance du 2 novembre 1945 relative au statut du notariat.

Décret du 19 décembre 1945 portant règlement d'administration publique l'application du statut du notariat.

Circulaire du 14 août 1946 relative aux cessions d'offices publics.

Loi du 17 janvier 1948 instituant une allocation de vieillesse pour les personnes non salariées.

Décret du 22 avril 1949 relative au régime d'Assurance vieillesse complémentaire des Notaires.

4 mai 1955, Convention collective du Notariat.

Décrets du 20 mai 1955 et du 29 février 1956 pour la garantie de la responsabilité professionnelle des notaires.

1955 : publicité foncière.

Loi du 29 novembre 1966 relative aux sociétés civiles professionnelles.

Décret du 2 octobre 1967 pour l'application aux notaires de la loi relative aux sociétés civiles professionnelles.

Décret du 26 novembre 1971 relatif aux actes établis par les notaires.

Loi du 25 juin 1973 sur la discipline des notaires.

Décret du 5 juillet 1973 sur la formation professionnelle dans le notariat.

Loi du 28 décembre 1973 relative à la discipline et au statut des officiers publics.

Décret du 28 août 1974 relatif aux inspections des études de notaires.

Décret du 8 mars 1978 relatif au tarif des notaires.

BIBLIOGRAPHIE SOMMAIRE

J. H. BAUCHY, Un notaire chez les notaires, *Revue politique et parlementaire*, décembre 1970.

A. BRUMEREAU, *Les notaires de jadis*, 1926.

Nicole CÉLESTIN, Les notaires parisiens au Premier Empire, *Revue d'Histoire moderne et contemporain*, juil.-sept. 1970.

FALDLALHA, *La vocation internationale du notariat.*

A. GOUJON, Le notariat d'aujourd'hui, *Revue des Deux-Mondes*, mai 1970.

E. LECOMTE, *Les notaires, Etude historique littéraire*, Amiens, Imp. Jeannot, 1894.

P. LEFÈVRE, La petite histoire des notaires, *Miroir de l'histoire*, décembre 1969.

F. R. Olivier MARTIN, *L'organisation corporative de la France de l'Ancien Régime*, Sirey, 1938.

LOYSEAU, *Traité des offices.*

G. PAGÈS, La vénalité des offices dans l'ancienne France, *Revue historique*, mai-juin 1932.

J.-L. MAGNAN, *Le notariat et la Révolution française*, 1952, Imp. Forestier, 22, rue de la République, Montauban.

G. PASTOURIE et A. VACCHARAZZA, *L'apport du droit comparé dans la technique notariale.*

Georges de CHAMBERET, Le malaise du notariat, *Revue politique et parlementaire*, avril 1973 ; *Le notariat latin de demain*, Editions Ars Notarius, 1975.

A. LAPEYRE, *La fonction sociale du notaire, artisan du droit autonome de la forme.*

J. VANDEMBUSSCHE, Le notariat en France, Revue *Gnomon*, août 1978.

Manuel d'archivistique, théorique et pratique des archives publiques en France, Association des Juristes français, 1970.

La Science parfaite des notaires ou le parfait notaire, F. B. de VISME, 1786.

Chartes, lettres et arrêts de l'Antiquité, chappelle, droits fonctions, pouvoirs, exceptions et privilèges des notaires et garde-notes du Roy au Châtelet de Paris, recueillis par Me Guillaume LEVESQUE, 1663.

Manuel de diplomatique, Arthur GIRY, 1972.

TABLE ANALYTIQUE

TABLE DES MATIÈRES

Imprimé en France, à Vendôme
Imprimerie des Presses Universitaires de France
1979 — N° 26 567